KB214428

어느 독일인 선교사의
한국 천주교 수난기 이야기

겨레문화 24

어느 독일인 선교사의
한국 천주교 수난기 이야기

암브로시우스 하프너 지음 / 조두환 옮김

이회

옮긴이의 말

"각 민족문학은 단순히 자국 내에서 자문자답하는 데에 그쳐
서는 안 된다. 각자 문학을 통해서 상대방을 이해하고 정신적인
교류를 이룩해야 한다."

일찍이 문화의 글로벌화를 주창한 독일의 문호 괴테는 이 말
을 하면서 편협한 애국(민족)주의가 지니고 있는 문화적 한계를
지적함과 동시에, 그것이 민족문화 간 문화적 이해를 가로 막는
벽이 될 수 있다는 사실을 경고하고 있다. 한 나라의 문화는 각
민족이 각기 자기의 특성을 여타 민족의 내부적 거울 속에 서로
반영시켜 봄으로써 더욱 객관적으로 인식할 수 있다. 그와 더불
어 타민족에 자극적인 영향을 주어 더욱 새로운 세계문화 창조
의 계기를 마련할 수 있다.
30여 년 간 이 나라에 천주교 선교사로 머물면서 19세기 초
우리나라 천주교 전래와 박해기의 여러 사실들을 논픽션 소설로
재구성하여 실감 있게 묘사한 독일의 선교사 암브로시우스 하프
너의 소설『한국 천주교 수난기. 어느 고을원님 이야기』가 바로

그 좋은 예라고 할 수 있다.

이 책은 본격적인 역사서가 아니다. 그렇다고 전문적인 문학
서적도 아니다. 서양의 문물이 종교를 앞세워 동방의 작은 나라
조선에 밀려들 때, 이 땅에 와서 살게 된 한 이방인이 애정 어린
섬세한 눈길과 소박한 마음으로 관찰한 우리 문화의 한 실상이
자 단면이다. 문화접촉이 작가가 아닌 종교사역자에 의하여 서
술되어 평범한 사람들의 상호이해를 돕는 문화적 가교역할을 하
고 있다.

이야기의 현장은 조선의 중부지방 예산고을과 그 밖의 지역.
천주교가 이 나라에 전파되기 시작한 초기, 관청으로부터 공식
적으로 금지된 서양의 외래종교와 그 신자들의 희생과정이 소상
하게 묘사되고 있다. 그리스도교의 참 진리를 위해서 목숨 바치
며 순교하는 순전한 마음들이 우리에게 큰 감동을 불러일으킨
다. 그리고 그리스도교가 도덕적 바탕으로 하고 있는 구원의식,
구세주의 사랑에 감사하는 교인들의 가치관이 사람들에게 전하
는 메시지 또한 강렬한 의미로 다가선다. 이런 것들을 묘사하는
가운데 이방인 저자의 눈에 비친 낯선 문화에 대한 호기심과 애
정은 새로운 문화에 대한 이해의 안목으로 받아들일 수 있어서
인류학적, 민속학적 가치 또한 크다. 그렇기 때문에 우리에게는
범상한 사건으로 그냥 스쳐지나갈 수 있는 것들도 새삼 진지하
게 다루어짐으로써 서양이라는 문화적 거울에 비춰지는 우리의

모습이 전방위적으로 반추된다.

1977년 여름이었던 같다. 스위스 베른의 어느 거리를 지나다가 서점 어느 서가에서 우연히 이 소책자책을 발견했다. 우리나라의 문화가 서양에 소개된 범위가 너무나 미약해서 항상 안타까움을 피할 수 없었던 터에 너무나도 기뻤다. 나는 반가운 마음에 곧 다 읽어 버렸다. 그것이 또한 희귀본에 속한다는 사실을 깨달으면서 정식으로 소개할 수 있는 때를 기다렸다.

오랜 기다림의 소산으로 이제 드디어 책이 세상의 빛을 보게 된다. 우리가 서양을 더 많이 관찰하고 배워야 하겠지만, 이제는 우리의 것을 세계에 알리는 작업에도 적극적으로 임해야 한다는 뜻에서 이미 서양에서 이루어진, 그러나 많은 사람들이 대하지 못한 자료들을 발굴, 전파하는 것 역시 중요하다는 새로운 사명의식을 갖게 된다. 이 작품이야말로 그런 뜻에 아주 적합한 것들 중의 하나가 아닌가 한다. 또한 초대교회의 감동적인 교인들의 순교정신을 생각하면서, 역시 당시에 구하여 간직하고 있던 천주교 잡지 속에 실린 성서의 〈돌아온 탕자〉 이야기를 이어서 별도로 편집, 번역하여 함께 소개할 수 있어서 더욱 기쁘다. 모두가 그리스도 사랑의 본질을 우리 마음속에 일깨우는 중요한 하늘의 메시지가 아닌가.

이 책자가 세상의 빛을 보기까지 물심양면으로 도와주신 많은 분들, 특히 한국천주교회사의 권위자 조광 고려대학교 교수

의 수많은 조언과 격려에 감사를 드린다. 부디 이 책자가 천주교
도는 물론 지난날 우리 모습을 바르게 관찰하고자 하는 많은 독
자 제현들에게 귀한 자료가 되었으면 한다.

2013년 12월 31일

솔뫼 조두환

차례

어느 독일인 선교사의
한국 천주교
수난기 이야기

예산 고을 원님 김광욱 안드레아*

햇볕 쨍쨍한 어느 봄날 오후 한나절. 조선의 반도 중부에 예산이라는 마을이 있는데, 그곳 주민들이 자기 집에서 나와 원님 댁 뜰 앞에 모여들기 시작했다. 그 밖의 다른 사람들은 한양으로 통하는 길 쪽으로 죽 길게·줄을 이어 섰다.

원님 댁에 혼인잔치가 있다. 신랑인 그 댁 큰 도령님이 어제 말을 타고 한양에 갔다가 오늘 돌아온다. 사람들은 그 혼례행렬을 기다리는 것이다. 남자들은 삼삼오오 무리를 지어 마른 땅바닥 위에 앉아서, 앞쪽 넓은 소매 춤에 두 손을 넣은 채 서 있거나, 긴 곰방대로 뻐금뻐금 담배를 피우면서 이야기를 나누고 있었다. 머리에는 말 머리칼로 만든 테두리가 큰 검은 망건을 쓰고 있고, 그것은 풀을 빳빳하게 먹인 하얀 두루마기와 서로 아주 큰 대조를 이루고 있었다. 여인네들은 갓 빗어 매끈한 머리를

---

* 이 작품은 초기 교회의 박해 과정에서 등장하는 인물들을 중심으로 하여 엮어놓은 일종의 소설이다. 따라서 등장하는 인물들의 신분이나 친족관계 등에는 역사적 사실성을 벗어난 것도 있다. '예산'이란 지명은 원문에 '니오산(Niosan)'으로 표기되어 있다.

새로 틀어 올렸고, 대부분 새 옷으로 단장하고 나왔다. 모두 하나같이 어린아이들을 데리고 있었다. 계집아이들은 울긋불긋 온갖 빛깔의 옷을 입고 있었고, 사내 녀석들은 이웃의 산비탈에 있는 소나무 밑에서 머리끝 댕기를 휘날리며 이리저리 뛰어놀고 있었다. 대문 앞에는 악대의 자리가 마련되어 있었다. 그들은 필요하면 금방이라도 뛰어들어 연주할 수 있도록 악기들을 풀밭 위 제 자리 옆 가까이 두고 있었다.

그때였다. 언덕너머로 갑자기 말을 탄 한 사람의 모습이 눈에 들어왔다. 모두가 일어섰다. 남자들은 담뱃대를 허리춤에 끼었고, 여자들은 어린 것들을 둘러업었다. 사내 녀석들은 모두 줄달음질 쳐 나가 길목은 대번에 사람들로 가득 찼다. 대문 옆에는 사람들이 더욱 촘촘히 모여들었다. 사방에 침묵이 흘렀다. 기다리는 사람들의 눈길은 오직 한곳만을 향하고 있었다.

맨 앞의 말 탄 사람이 사람들 옆을 지나갔다. 곧이어 밝은 청색 옷을 입은 선두대가 보였다. 둥글고 검은 펠트모자 위에서 나부끼는 관모가 눈길을 모았다. 그리고 백마 한 마리가 자기 등에 탄 신랑을 자랑스레 여기는 듯 껑충껑충 뛰며 바싹 그 뒤를 따랐다. 신랑은 넘실대는 연보라 의관을 걸쳐 입었는데, 난생 처음이어서인지 몹시 어색해하는 눈치였다. 머리에 상투를 튼 것이 바로 어제였는데, 앞으로는 줄곧 그런 모습으로 의젓하게 지내야 하는 것이다. 상투 위에는 검은 말 머리칼로 만든 둥근 관모가 올려졌다. 양쪽 옆 가리개들이 올라갔다 내려갔다 했다.

백마를 탄 신랑 뒤쪽으로는 네 명의 가마꾼이 지는 가마가 가벼이 리드미컬하게 흔들거리며 지나갔다. 가마 머리 위는 붉은 천으로 덮여 있었다. 말발굽 울리는 쪽으로, 그리고 가마꾼들이 연신 "호이" "호이" 외치는 소리에 맞춰 커다란 북소리가 둔탁한 소리를 내기 시작했다. 마치 천둥치는 소리 같았다. 피리와 퉁소 소리가 들리는가 했더니, 곧 요란스런 뿔 나발의 소리에 살마이(갈대혀가 달린 취주악기)의 날카로운 소리가 겹쳐서 울려 퍼졌다. 그에 맞추어 작은 북들이 탕탕 소리를 내면서 하늘을 진동시키는 것이었다. 그러자 말들이 놀라 머리를 높이 쳐들고 뛰는 바람에 마부들은 고삐를 잡고 진정시키느라 애를 먹고 있었다.

서서히 온갖 화려한 색깔의 행렬이 가까이 다가오고 있었다. 모인 사람들은 말없이 그 모습만 뚫어지게 바라보고 있었다. 힘겨워하는 백마 등위에 타고 있는 사람들이 의기양양한 모습으로 지나갔고, 붉은색 가마를 지고 가는 사람들이 그 뒤를 따랐다. 그리고 다채로운 색깔의 행렬은 초롱불로 장식된 문을 지나 원님 댁 너른 뜰 안으로 들어갔다.

사람들은 그 안으로 뒤따라 들어갈 수는 없었다. 출입이 엄격히 통제되었기 때문이다. 열려진 입구 앞에서는 남녀 어른 아이 할 것 없이 연신 주위를 휘둘러보고 있었다. 그중 일부는 잽싸게 언덕 위쪽으로 뛰어가 나무 위로 기어 올라가더니 담 너머로 훤히 밖을 내다보았다. 모두가 절호의 순간을 놓치지 않으려고 했

다. 잠시 후 가마의 붉은 비단 천이 걷히면 좁다란 문을 통해 신
부가 나오는데 모두가 그 모습을 보려고 하는 것이었다.

가마는 작지만 아주 단단해 보였다. 전체가 온통 붉은 색 비
단으로 치장되었고, 꼭대기에는 튼튼해 보이는 왕관 모양의 머
리장식물이 달려 있었다. 그 위엔 금빛 작은 왕관이 반짝이고,
은빛 넝쿨이 머리칼에서 불쑥불쑥 빛을 발하고 있었다. 아주 단
아한 모습의 신부가 보인다. 얼굴은 분을 발라 하얀데다가 검은
눈은 땅을 향하고 있었다. 꼭 해야 할 일 이외에 아무런 움직임
도 보이지 않았다. 시중드는 여자가 몸을 받쳐주기 위해 손을
내밀자 신부는 아주 우아한 미소로 응답했다.

바깥에서 풍악이 점점 우렁차게 울려 퍼지자 신랑이 들러리
한 사람을 대동하고 걸어가기 시작했다. 그 뒤로 신부가 눈길을
다소곳이 떨어뜨린 채 주위의 부축을 받고 줄줄이 이어진 새 돗
자리를 넘어 단정한 걸음을 내딛었다. 두 계단쯤 올라섰을까.
신부의 옷이 살며시 거두어지더니, 꽃으로 장식된 문을 지나 곧
모습을 감추었다. 이로써 하객들과 함께 한 혼례식의 전반부가
끝을 맺은 것이다.

신랑 신부가 아주 품위 있는 자세로 집안으로 들어가 더 이
상 모습을 보이지 않게 되자 축하연이 벌어졌다. 뒤이은 행사도
이날 해야 할 일 중에서 결코 소홀히 할 수 없는 중요한 것이었
다. 쌀을 가득 담은 무쇠 솥들이 점토로 견고히 만들어진 뜰 담
장 길옆에 죽 세워졌다. 뚜껑 주위로 하얀 김이 왕관처럼 높이

솟아오르고 있었다. 그 옆, 야외 부뚜막에는 석쇠를 걸어 놓고 거기에서 고기를 살짝 덥히거나 구웠다. 지글지글 칙칙 거리는 소리가 귀를 간질인다. 그리고 맛있는 냄새가 퍼져 나와 어른 아이 할 것 없이 모든 사람의 코를 찌른다. 커다란 오지그릇 안에는 막걸리가 담겨 있었는데, 이건 물론 남자들을 위해 마련된 것이고, 여자와 아이들은 대신 따뜻한 물을 즐겨 마셨다. 식사가 끝날 무렵에는 맛있는 떡과 군밤들이 나왔다.

풍물패도 불러들였다. 사람들이 둘러앉아 음식을 즐기고 있는 동안, 한쪽에서는 이 놀이꾼들이 높이 세워진 밧줄 위를 이리 저리 거닐기도 했고, 다른 사람들은 불이나 짧은 칼을 삼키기도 했다. 악사들은 계속해서 피리와 나팔을 힘껏 불어댔다. 다툼도 싸움도 없는 정말이지 흥겨운 축제였다. 집집마다 나름대로 한 몫을 해야만 했기에, 뜰에서나 길에서 모두 잔치가 벌어지곤 했다. 닭이나 꿩을 잡아 모두 잔칫상에 올렸지만 언제나 남아 있을 겨를도 없이 후딱 먹어치웠다.

예산 원님은 원래 고명하신 분인데다가 재산도 꽤 많은 편이어서 모두가 이런 축제쯤은 즐겨 베풀 수 있으리라고 생각했다. 이웃에서 온 나리들도 그랬다.

세월이 흘렀다. 원님은 나이가 많이 들자 자기의 관직을 큰 아들 광옥에게 넘겨주었다. 고을에서 고급학문을 수료한 그는 몸담고 있던 관청에서 공식적인 훈령을 통해 합법적으로 아버지의 자리를 이어받을 수 있게 된 것이다.

세상 어디에서나 그렇듯이 이 젊은 관리의 집에서도 길흉사가 끊이지 않았다. 부모들은 세상을 떠나고, 아이들은 태어났다. 처음에는 딸만 둘이어서 은근히 섭섭해 하던 차인데 곧 사내아이가 세상의 빛을 보게 된 것이다. 큰 경사였다. 친척들과 가까운 친지들에게 그 소식을 전하고, 곧 잔치를 베풀어 종손을 두루 볼 수 있도록 모두를 초대했다.

이즈음에 원님 댁 마님의 숙부도 한양에서 왔다. 이존창[1]이라는 이름의 그는 학자였다. 공직을 갖고 있지는 않은 탓에 수행원도 없이 털이 덥수룩하고 힘세 보이는 갈색의 조랑말을 타고왔다. 하지만 이씨 문중에서는 내로라하는 명성이 자자한 분이었다.

이존창은 천주교신자였다. 그는 베이징에 머물던 중 새로이 개종한 베드로 이승훈의 집전으로 처음 영세를 받은 세 제자 중한 사람이었다. 그것이 바로 1784년이었는데, 그 후로도 13년이나 흘렀다. 이때 이존창은 생긴 지 얼마 안 되는 교회에서 많은 봉사를 했는데, 오늘의 행차도 그에게는 한 어린아이의 출생을 축하한다는 의미 이상으로 뭔가 다른 중요한 일이 있어 보였다. 그는 그의 조카딸과 젊은 원님인 사위를 종교에 귀의시킬 생각을 갖고 있었던 것이다.

젊은 원님은 손님들을 맞으러 대문 앞에 나와서 기다리고 있

---

1) 원문에는 '이단원'으로 되어있다.

다가 즉시 말의 고삐를 받아 쥐고는 마당 안으로 끌고 가서 하인에게 넘겨주었다. 그런 다음 그는 덕망 높은 어르신 오른쪽 뒤를 따르면서 공손하게 두 손으로 길을 가리켜가며 집안으로 안내했다. 연신 옆으로 몸을 수그리면서 "왕림해주시니 기쁘기 한량없습니다."라든가 "험한 길을 말을 타고 오시느라고 얼마나 힘드셨습니까?"라는 인사말을 건네었다.

학자는 미소 지으며 느긋하게 일단 겸양의 자세를 보이면서, 멋진 잔치에 참석하게 되어서 무척이나 기쁘다고 화답을 했다. 또한 오는 길이 조금도 힘들지 않았노라고 했다.

축하인사를 주고받는 일은 그리 오래 걸리지 않았다. 우선 숙부는 기뻐서 어쩔 줄 모르는 어머니의 품에서 어린 것을 받아 안고, 잘 얼러 주고 나서, 부모에게 아이에 대한 덕담을 했다. 그런 다음 가져온 선물을 전했다. 흔히 이런 때 주고받는 것들 중의 하나로 호랑이 얼굴을 뜨개질한 작은 모자였다.

오후에 두 남자는 뜰 안으로 갔다. 노송 쪽으로 걸어가는 길은 흰 라일락 향기가 가득했다. 마침 나무그늘 아래에는 6각 정자가 있었다. 붉은 4각 기둥들 위에는 무거운 기와지붕이 얹혀 있었고, 그 위에는 구리로 세공한 연꽃봉오리가 보였다.

머슴이 화로와 파이프와 방석 두 개를 가지고 왔다. 두 사람은 얼마 안 되는 높다란 화강암 계단을 천천히 올라가 질긴 돼지가죽으로 만든 단화를 벗고서 시원한 지붕 아래 정자 안으로 들어갔다. 그런 다음 조심스레 두루마기를 벗고는－원님은 연보

랏빛 비단 옷을 입고 있었고, 손님은 무명으로 된 흰 옷을 입고 있었다−자리에 앉았다. 그리고 부채를 옆에 내려놓고 은을 입힌 긴 담뱃대를 집어 들었다.

정자는 뜰 안에서 가장 아름다운 장소였다. 바로 옆에는 거의 지붕 높이로 만들어 놓은 작은 동산이 있었는데, 모습 전체가 작게 만든 연못에 비치어 찰랑이고 있었다. 노란 바윗돌 틈새에는 예쁘게 가꾼 작은 소나무들이 구불구불 서로 가지를 뒤엉킨 채 서 있었으며, 물속에는 높고 가는 이파리들 사이로 파란 나리꽃들이 피어 있었다.

손님의 관심사는 그러나 오늘 이런 아름다움에 있지 않았다. 그는 온통 종교문제에 관한 이야기에 열중하고 있었고, 젊은 원님은 그 말을 아주 귀담아 듣고 있었다.

"서학을 공부할 때마다 발견하는 것은", 이존창은 막 이야기를 시작했다. "우리 조상들도 서양 종교에서 말하고 있는 바와 같이, 세상의 창조자인 최고의 정령에게 모든 일을 간구하고 제물을 바치었다는 사실이네. 지고한 신령 중의 한 분인 환웅이 이 땅으로 오셔서, 인간의 딸을 선택하여 우리의 원조인 단군을 낳았다고 우리 선조들은 말했고, 또 그렇게 전해 내려오고 있지 않는가. 그런데 천주교는 그보다 훨씬 더 그런 걸 잘 인식하고 있었다는 걸세. 하느님의 아들인 예수께서는 하늘에서 내려와 이곳 땅위에서 신령의 왕국을 세우셨고, 우리 모두는 이 왕국에 부름을 받은 것이라네. 우리는 그러니까 조상들이 알고 있었던 것보다 훨씬 더 많이 알고 있는 셈이지……."

학자의 섬세한 손으로 그는 가늘고 듬성듬성한 수염을 천천히 쓰다듬었다. 그의 말은 계속되었다.

"좀 더 특이한 사실도 확인할 수 있어 놀랐지. 기자(기원 전 1000년 조선의 통치자) 시대로부터 7계명이 우리에게 전해지고 있었네.[2] 천주교에는 10계명이 있지 않은가. 놀라운 일은 우리의 7개 계명이 거의 꼭 10계명 안에 포함되어 있다는 사실이지! 그러니 여보게 사위. 우리가 천주교를 받아들인다 해도 무슨 부당한 일을 행하거나 우리 선조가 가던 길을 져버리는 것이라고 나는 생각하지 않네."

다시금 학자는 말을 멈추었다. 젊은 남자는 물속을 들여다보며 생각에 잠겨 있었다. 작은 물고기들이 멋진 지느러미를 천천히 움직이고 있었고, 수면에는 동그라미가 아주 또렷하게 그려지곤 했다.

자갈돌이 깔린 길 위로 한 여종이 다가오고 있었다. 제일 아래 계단 앞에서 그녀는 삼실 끈으로 맨 회색 짚신을 벗더니 위로 올라와서 무릎을 꿇고 손님 앞에 찻상을 차렸다. 원님은 해바라기 씨가 담긴 접시에 눈길을 던지고는 그 중 몇 개를 집어 들고 하나씩 입에 넣고 씹었다. 여종이 물러갔다. 학자는 말을 이었다.

"강력한 중국의 최초 다섯 황제들은 '성인'이라 불렸단다. 그

---

2) 기자의 팔조금법(八條禁法).

들은 위인들로서 사람들에게 문화와 좋은 도덕의 본보기가 되었으며, '작은 나라'인 우리 조선 사람들도 그들이 베푼 선행의 덕을 보고 있는 것이 아니냐. 그러나 그리스도교의 황제는 더 많은 일을 행하였다. 그분은 자기 육신을 제물로 바치셨으며, 자발적인 결심에 따라서 범죄자의 허무한 죽음의 고통을 겪으시다가 장사한 지 사흘 만에 죽은 자 가운데 무덤에서 다시 살아나셨지! 이런 일을 행한 사람이 우리 4천 년 역사 가운데 어디 있었단 말인가? 그러한 대속행위를 그리스도교의 황제는—그는 예수 그리스도라고 하지—인간 가운데 죄를 지은 자와 악행을 범한 자를 위해서 행하신 거야. 그분은 세례라고 하는 성스러운 예식을 시작하셨지. 그 세례를 받으면 우리가 지은 모든 죄들은 다 씻겨 지고, 우리들은 곧 하나님의 자녀가 되어 종교의 제왕 예수 그리스도가 다스리시는 영의 왕국으로 들어가게 되는 것이네."

"알겠어요. 존경하는 숙부 어른." 젊은 관리는 이제는 더 이상 질문을 던질 의사가 없는 듯 고개를 끄덕이며 말했다. 잠시 쉬는 틈을 타서 그는 손님에게 놋그릇에 담긴 차를 권했다. 두 사람은 그걸 마셨다. 향긋한 냄새가 풍겼다.

학자는 약간 센 수염을 손으로 쓰다듬고서 다시 말을 이어나갔다.

"우리가 들어 알고 있는 바, 천주님의 교리는 이곳 동방에서 이미 몽골제국시대에 널리 알려진 적이 있네. 약 5백 년 전쯤 된 것 같은데, 우리 '소국'에는 첫 교리 서적이 선조 임금(1568~

1608) 때에 들어왔지. 책 제목이 『천주실의』라고 했던가. 베이징에서 들어온 거야. 먼 서역 땅에서 온 한 스승이 그걸 썼어. 당시에 우리나라에서는 남인이라고 하는 특정관리들이 숙청당했는데, 그 후 한가한 시간을 이용해서 그들은 이 서책을 가지고, 또 다른 사람들은 '대국'의 역사와 저술에 대해 공부하기도 했어. 그러나 이 사람들 중 몇몇에게는 그것이 일상적인 학습 이상의 의미를 지니게 되어 교리를 마음속 깊이 받아들이게 되었다네. 그 중에는 허균(許筠)3)이라는 이름의 학자도 한 분 계셨는데, 두 번이나 베이징 여행을 다녀왔고, 그곳에서 또 다른 서책 『12단』4)을 고향에 가지고 왔네. 이분은 늘 기회만 있으면 이 교리는 다른 어느 것들보다 훨씬 아름답고 훌륭하다는 말을 수없이 되풀이 했었다고 전해지고 있네. 그분은 또한 빠짐없이 기도를 했다네. 선조 왕 즉위 34년째 되던 때의 일이던가. 그분은 안타깝게도 처형되고 말았는데, 그것은 교리 때문이 아니라, 그가 공개적인 자리에 북방오랑캐에 대항하여 싸워야 한다는 게시문을 붙였기 때문이었다네.5)

그의 이러한 경고가 결코 부당한 것은 아니었다네. 훨씬 후, 인조 대왕이 나라를 다스리던 때(1623~1648)에 이 만주 오랑캐들이 우리나라를 침략했고, 왕세자를 볼모로 잡아갔네. 말로는 우

---

3) 원문에는 '호윤(Ho Yun)'으로 표기되어 있다.
4) 12단 : 천주교에서 사용하는 12개의 기초적 기도문을 수록한 책.
5) 허균의 사망 원인.

호를 위한 담보조처라고 했지. 이 나라를 점령한 지 얼마 되지 않아 그를 베이징으로 데리고 갔던 거야. 거기서 소현세자[6]는 비로소 서양 스승들에게서 그들의 학문과 종교를 배우게 되었지. 8년의 세월이 지난 후 고향으로 돌아오면서 책과 지도, 그리고 다른 선물들을 가지고 왔네. 그 속에는 천주교 문서들도 들어 있었네. 관리들과 세례를 받은 궁녀들 여러 명이 왕자를 수행했지. 그때에 서학 교사들은 우리나라에 종교를 전파할 생각을 확고히 가지고 있었던 걸세.

그러나 세자가 다시 고향을 찾아 기쁨을 누릴 수 있게 되었던 것도 단 세 달을 넘기지 못했어. 병마가 그를 사로잡아 조상들 곁을 따라가고 말았네. 그가 베이징에서 병을 얻어가지고 돌아왔을 것이라고 말하는 사람들이 많았었지. 책들과 선물들은 모두 소각되고 말았네. 그리고 관리들과 천주교를 믿는 만주족 여인들은 그들의 나라로 되돌려 보내졌고……

당시는 매년 한 번씩 사절단이 의무적으로 황제의 도시 베이징으로 파견되기 시작할 때였어. 숙종 대왕 시절(1675~1720)에는 못된 관리들의 분쟁이 그치기는커녕 날로 기세가 드높아졌는데, 그 틈을 타 그동안 영향력을 잃고 관직에서 밀려나 소외되어 있던 남인파 사람들이 다시 들고 일어섰네. 그들도 역시 틈틈이 베이징에서 가져온 책들을 읽으며 공부를 했네. 그 때에도 천주

---

6) 소현세자(昭顯世子), (1612~1645). 원문에는 '초현(Tscho Hyun)'으로 표기되어 있다. 조선 인조의 맏아들. 1636년 중국 청나라에 인질로 끌려갔다가 1645년 귀국했다.

교 교리를 통틀어 '서학'이라고 했네. 오늘날처럼 말일세. 그러나 그 당시까지만 해도 그런 책들에 대한 관심은 낯선 꽃들이 풍기는 향기였다고나 할까 그리 크지 않았지.

영조 대왕 치하(1735~1776)에서 다시금 학자들이 이 책을 손에 쥐게 되면서 조상을 모시는 사당이 필요한지, 조상들을 전래된 방법대로 모셔야 할지에 대한 논쟁들이 그치지 않았네. 하지만 그저 입에만 자주 오르내렸을 뿐, 이렇다 할 결정적인 대책은 없었네. 조정도 그에 끼어들려 하지 않았네. 모든 것이 예전 그대로 남아 있었지.

정조 대왕[7](1777~1800)이 등위하던 첫해에 남인 몇 명이 서학을 공부하기로 서약한 일이 생겼네. 권철신, 정약전, 그의 동생 정약용이 그들이었지. 안정복과 존경하는 스승 권일신이 한겨울 추운 때에 길을 떠나, 산속을 걸어서 여남은 시간 멀리 떨어진 작은 불교사찰을 찾아가 한동안 머물렀네. 며칠 뒤에는 건장한 체구의 남자가 그들과 합류를 했네. 이덕조[8]라고 하는 사람인데 몸집이 크고, 점잖은 품새로 이미 학문에 깊이 통달해 있었네. 그의 부친은 그에게 '벽'이라는 이름을 붙여주었네. 아마 그가 이따금 아주 고집스러웠기 때문일지 몰라. 어쨌든 모두가 그를 열렬히 맞아들였네. 그리고 모두가 둘러앉아 책을 펼쳐놓고 읽으며 내용에 대해서 이야기를 나누었네. 부처와 공자의

---

7) 원문에는 '숙종(Suk Tschong)'으로 표기되어 있으나 '정조'로 바로잡음.
8) 조선에 천주교 신앙을 전파한 선구자 이벽의 호(號).

교리와 비교해 보기도 하고, 그들이 알고 있는 다른 것을 서학과
견주어 보기도 했네. 그들은 신이란 어떤 존재이며, 인간의 본
성이란 무엇인가, 또한 하늘과 땅 그리고 지옥이란 과연 무엇인
가에 대해서 이야기를 나누었네. 아침과 저녁으로 기도를 드렸
으며, 바닥에 꿇어앉아 오랫동안 묵상을 하기도 했네. 음력에
따라 일곱 번째 날을 휴일로 정하고, 음식물 섭취도 절제하기
시작했네. 얼마 후 그들은 집으로 돌아갔지. 하지만 모임은 그
치지 않았어. 차츰 시간이 지나면서 베이징에 있는 사제들과 접
촉하기를 바라는 마음이 간절해졌네. 그것은 사절단의 일원이
되어야만 가능한 일이었는데. 그때 마침 좋은 기회가 생긴 거
야. 이동욱이라는 관리가 당시 사절단의 비서로 발탁되었고, 그
의 아들 이승훈은 벽과 아주 가까이 지내던 터였는데 이승훈이
그의 부친과 여행을 하는 게 가능해진 걸세. 게다가 그는 남몰래
서학 학자를 방문하는 책임도 맡고 있었네. ─ 그들은 어떤 성과
를 얻어 누릴 수 있었으면 했네.

40일간 사절단은 베이징에 머물렀지. 젊은 이승훈은 조선 사
람들이 머무는 곳에서 그리 멀지 않았던 '남당'을 찾아가서 사제
를 만나 큰 감동을 받게 되었네. 그는 영세를 받을 준비를 갖추
고 있었고, 귀국 전에 이미 부친의 동의를 받아놓은 상태였다
네. 그리하여 그는 베드로라는 세례명을 받게 되었네.

고향의 친구들은 그를 큰 기쁨과 감격으로 맞아들였네. 모두
가 베이징에서 가져온 그림들과 십자가, 묵주와 책들을 보고 감

탄을 금치 못했네. 그 중 하나는 『교리문답』이라고 했고, 다른 하나는 『영혼려작』과 『칠극』이라고 했지. 거기에는 일곱 가지의 죄업과 일곱 가지의 덕에 관한 『성자의 일상생활』과 많은 기도문이 담긴 책이 한 권씩 들어있었지.

　내가 특별히 존경하는 권일신 선생께서는 이승훈 베드로 신부로부터[9] 영세를 받은 첫 번째 대열에 들게 되었네. 그분으로부터 나는 이 교리에 대해 좀 더 자세히 들을 수 있게 되었고, 영세받기를 희망하여 그런 영광을 누리게 되었지. 나의 새 이름은 곤자가라고 했네. 영세 받는 사람들이 너무나 많아서 모두가 한 집에 앉을 수 없을 정도였네."

　마침 그때 원님 댁 서기관이 재빨리 댓돌 위로 걸어 나오더니 아래 계단 앞에서 머리를 조아리고는 원님에게 시간을 좀 내주기를 요청했다. 김광옥은 손님에게 양해를 구하고는 자리에서 일어나 그를 따라 집안으로 들어갔다.

　좀 난처한 면도 있었다. 그 이후에 벌어진 일들에 대해서 학자는 이 젊은 사위에게 아직은 소상하게 말하고 싶지 않았기 때문이었다. 당시에 일어난 일들 대부분은 그 자신이 너무나도 생생히 잘 알고 있는 것들이어서 특별히 기억을 되살릴 필요조차 없었다.

　그들은 천주교를 신봉하지 않는 학자들과 맞서 싸울 수밖에

---

9) 베드로 신부로부터 : 이승훈은 신부가 아니지만, 초창기 교회에 등장하는 가성직 제도 아래에서 신부로서의 역할을 했다.

없었던 한편, 이승훈 베드로는 별도로 사제들이나 주교에 관해서, 그리고 베이징의 축일에 대해서 이야기를 했고, 모든 걸 그곳에서 행해지는 것과 같이 지킬 것을 강력히 요구했다. 사람들은 은밀히 서로 상의를 하여 순서에 따라 주교를 뽑기로 결정을 내리고, 이존창 곤자가의 스승 권일신 사베리오를 추대하였다. 네 명의 사제 중에는 그 자신도 들어있었다. 모두가 선거의 결과를 받아들였고, 대례(大禮) 미사들이나 그에 다른 과업에 대해 책 속에 담겨있는 것들을 하나도 빠짐없이 열심히 찾아 지켰다. 제물을 바치는 책임은 사제들에게 맡겨진 최대의 임무라는 사실도 재차 확인했다. 그래서 제사를 위한 예복을 시급히 마련해야 했다. 곧 중국 남부에서 생산된 질 좋은 비싼 비단직물을 사들였다. 베이징에서 널리 입고 있는 의상의 형태들에 대해서 자세히 알지 못했기 때문에 유교식 예복을 본으로 삼아 주교와 사제의 제사의 상을 재단했다. 표장, 지팡이, 주교관(主敎冠)도 만들었다.

이존창 곤자가는 교인들 사이에 널리 알려진 것처럼, 상당한 재산을 소유하고 있었다. 얼마 전까지 그는 귀금속장이를 집으로 불러 금 한 덩어리를 건네면서 말했다. "명인, 내 금덩어리를 풀어 잔을 하나 만들어 주시오. 하나가 필요하오. ─선물로 쓸……."

그 남자는 깜짝 놀랐다. 지금까지 한 번도 그런 주문을 받아본 적이 없었기 때문이었다. 곤자가는 곧 말을 덧붙였다.

"잔 하나가 있었으면 하오. 이렇게─"그는 몸소 손을 오목하게 해서 보여주면서 설명했던 걸 아직도 잘 기억하고 있었다. "이렇게 만들어 주오. 편편한 바닥에 그저 높은 둘레를 지닌 것을 말이오."

이것이 조선에서 만들어진 최초의 성찬용 잔이었다.

모든 준비가 끝나고 기도문도 작성되었다. 주교와 사제들이 귀한 의상들을 몸에 걸치고 차례차례 테이블 옆으로 걸어 나와 기도를 드렸다. 그렇게 해서 경외감에 가득 차 성스러운 미사를 드리는 데 필요하다고 여겨지는 것들은 모두 행하였다.

사제들이 사람들의 죄과를 사면해 주어야 했기 때문에 고해성사도 관장했다. 특별히 진지하게 행해졌다. 텅 빈 방안의 연단 위에는 주교나 사제가 앉았다. 사람들이 들어와 강단 마루에 무릎을 꿇고 아래로 몸을 수그리고 죄를 고백하였다. 처음에는 남자들에게만 허용되었지만, 여자들의 요구도 강렬해서 그것은 모두에게 아주 뜨거운 관심사로서 행해졌다. 때때로 속죄행위로서 금식이 부과되기도 했고, 그 밖의 다른 방식들도 모두가 아주 진지하고도 겸손한 마음으로 받아들였다.

그렇게 거의 두 해가 지나갔다. 그러던 중 사절 한 사람을 베이징으로 다시 보낼 수 있게 되었다. 4개월이란 꽤 긴 시간을 그곳에서 보낸 후 그는 다행히도 주교의 서한을 받아서 그것을 자기 옷 안에 꿰매 붙인 채 정말 조심스럽게 가지고 돌아왔다. 서품식이 없기 때문에 임명된 사제들이나 주교가 미사도 집전하지 못하고 성례를 베풀 수도 없는 실정이었다. 그들이 할 수 있

는 것은 오로지 세례를 주는 일뿐이었고, 그건 다른 교인들에게
도 마찬가지였다. 그들은 열심히 기도를 했다. 그에게는 가능한
대로 빨리 사제 한 명을 보내주었으면 하는 바람이 있었다. 사제
와 주교 모두가 의상들과 표장들을 옆에 놓고 열심히 기도를 하
면서, 계속해서 친척들과 그 밖의 친지들을 믿음 안에서 가르치
고 종교를 갖도록 노력했다.

　이존창 곤자가는 또한 다른 슬픈 사건들을 뇌리에 떠올렸다.
베이징의 주교가 그의 서한에서 강조한 제사금지조항이 많은 혼
란을 불러일으켰던 것이다. 그로 말미암아 최초의 그리스도교
신자인 이승훈 베드로는 신앙공동체와 관계를 끊는다고 선언하
고, 신앙을 버리고 보잘 것 없는 관직이나마 얻어 가지고 다시
야인이 되었다. 이 사람뿐만 아니라, 이벽도 가문 내의 반대의
견을 견디어낼 수 없었다. 어느 날 그의 부친이 아들과의 불화
때문에 목매달아 죽으려고 하자 이벽은 그 앞에 무릎을 꿇고 신
앙을 포기하겠노라고 하지 않을 수 없었다. 그 후로 그는 외부와
의 접촉을 끊고 지내다가 한 해가 지난 후에 병이 들고 말았다.
그리고는 일주일을 넘기지 못하고 세상을 떠났다. 교인들에게
아무런 소식도 알리지 않았다.

　그런 반면, 다른 사람들은 용감하게 신앙을 위해서 죽어갔
다. 중인신분의 사람들만 해도 여섯 명이나 되었다. 학자들 중
의 몇 명은 재판을 받아 배교를 하도록 강요를 받았지만, 한사코
뜻을 굽히지 않아 귀양지로 보내졌다. 그만해도 그리스도교인

들에 대해서 내심 우호적인 생각을 가지고 있는 임금이 그들에게 사형선고 내리기를 허용하지 않았기 때문이었다. 끝내 임금께서는 신앙을 빌미로 하여 누군가를 체포하거나 가둬두는 일을 절대 금지시켰다.

이존창 곤자가도 역시 아주 가혹한 일을 잘 견디어냈다. 생각하기만 해도 정말 끔찍스러운 일이었다. 심한 고문을 겪은 끝에 몸은 기진맥진해져 결국엔 서학은 사악한 마술이라고 말하고 말았다. 관리는 그것을 배교로 간주하여 그를 석방했다.

하지만 그 이후로 학자들 사회에서 그는 따돌림을 당했고 그들이 누릴 수 있는 특권에 참여할 수가 없었다. 고통이 가라앉고 다시 몸을 좀 가눌 수 있게 될 무렵, 그에게 새로운 깨달음이 일었다. 그는 끊임없이 기도를 했고, 자신이 말한 것에 대해 깊이깊이 참회를 했다.

그리고는 천주교 공동체 안에 머물면서, 정말이지 이전보다 훨씬 더 성스러운 교리의 훈련과 신앙인의 섬김에 몸을 바쳤다. 공동체와 자기 문중이 재판관에 의해 공포된 굴욕적인 일을 더 이상 문제로 삼지 않게 되면서 그는 곧 그들로부터 완전한 신뢰를 얻게 되었다. 하지만 그때의 일이 머리에 떠오를 때마다 그의 가슴은 언제나 메어지는 듯 아팠다.

학자는 정자에 앉아 이런저런 일들은 돌이켜보면서 깊은 생각에 잠겼다. 햇살은 노송의 메마른 가지들을 비스듬히 스쳐지나오고 있었다. 그림자는 점점 길어졌다. 여기저기서 매미소리가 울려 퍼졌다. 깊은 정막이 흐르고 있었고, 나무숲도 아무런 움직임도 보이지 않았다.

그런데 불현듯 무슨 발자국 소리가 들려왔다. 고개를 들고 바라보니 젊은 조카사위가 빠르고 탄력 있는 발걸음으로 다가오고 있었다. 그는 아래 계단 앞에 멈춰 서면서 "어르신, 해가 멀리 서산으로 기울었어요. 집으로 돌아가셔야겠어요!"라고 말했다.

학자는 "그래, 가볼까!"라고 대답하고 자리에서 일어났다. 부채를 접고, 고리 속에 손가락을 꽂은 채 계단을 내려갔다. 두 사람은 이제 낮의 열기가 남아 있는 커다란 댓돌을 넘어 안채 거실 안으로 들어갔다. 라일락 향기가 가득 풍기고 있었다. 그 길을 지나는 도중에 여종 한 사람과 마주쳤다. 그녀는 황급히 길옆으로 비켜나 가슴에 팔을 엇갈리게 대고서 두 남자가 다 지나갈 때까지 기다렸다. 그런 후에 정자로 달려가 밥상과 방석을 가지고 왔다.

학자와 젊은 관리가 집안에 들어섰다. 여인들은 몸을 왼쪽으로 돌리고서 뒤 쪽으로 해서 앞마당으로 나갔다. 가운데 문은 활짝 열려 있었다. 가장자리에는 마님이 서서 저녁식사가 준비되었음을 알리고서 어서 들어오시기를 공손히 청했다.

남자들은 방안으로 들어갔다. 그제야 손님은 넓고 질긴 챙이 달린 검은 망건을 벗어 놓을 수 있었다. 가볍고 하얀 두루마기도 벗어 놓고 방석을 깔고 앉았다. 마님이 상을 들고 문지방을 넘어서자 원님은 그걸 받아들어 손님 앞에 내려놓았다. 그런 다음 손님 맞은편에 자리를 잡았다. 마님은 그에게도 똑같은 음식을 차려주었다. 부엌문은 활짝 열려 있었다.

남자들은 은수저를 집어서 요리를 이것저것 맛보기 시작했다. 즐거운 대화의 꽃도 피었다. 그동안에 마님은 시중드는 어린 두 소녀와 함께 부엌에서 식사를 했다. 여종은 그 이후에 혼자서 조용히 식사를 하곤 했다.

식사가 끝난 후에 남자들은 곰방대를 피우기 시작했다. 이어서 손님은 한양에서 가지고 온 진기한 물품들에 대해서 이야기를 했다. 소녀들이 돗자리 위에 눕자 마님은 얇은 면포이불을 덮어주고는 이쪽으로 와서 즐거운 대화에 끼어들었다.

손님이란 다름 아닌 친정아버지의 형제인 삼촌이 아닌가. 그는 천주교인이었다. 그래서 대화는 자연스레 다시 서학 쪽으로 이어졌고, 하늘과 지옥, 하느님의 계명과 그리스도인의 사명에 대해 이야기를 나누게 되었다. 귀신과 마귀에 대한 이야기는 여인의 마음에 엄청난 충격을 주었다.

그녀는 마음에서 우러나오는 어떤 소리를 들었다. 또한 알 수 없는 힘을 느꼈다. 그것은 바로 아주 오래 전부터 두려워하던 것이 아니었던가. 긴 대화를 끝내면서 이존창 곤자가는 늘 하던 대로 큰 목소리로 저녁기도를 했고, 집안사람들은 주의 깊게 귀를 기울였다.

집안은 모두 평온에 잠겼다. 바깥에서 요란하게 들려오던 개구리의 울음소리도 잠잠해졌다. 밤이 되어 온 누리가 적막 속에 빠진 동안, 원님의 머릿속에는 오늘 들은 이야기들이 조금도 가시지 않았다. 종교의 위대한 황제에 대한 생각이 줄곧 맴돌았다. 구속자의 존재가 마음을 완전히 사로잡았다.

이튿날 삼촌은 집을 떠났다.

뜨거운 여름이 지나가고 온화한 가을 날씨가 시작될 무렵, 곤자가는 말을 타고 다시 예산으로 내려왔다. 이번에는 『성교(聖敎)요리 문답』이란 책을 가지고 있었다. 그것을 원님 내외에게 넘겨주자, 두 사람이 처음으로 십자가 성호를 긋고, 책을 통해 많은 것을 배우겠노라 서약했다. 그 진지한 모습을 보고 매우 기뻐했다. 폭풍이 몰아치는 긴 겨울날이었다.

새 봄이 되자 학자는 다시 한 번 마을을 찾았다. 두 사람이 교리를 알게 된 이후, 기도문을 줄줄 외우게 되고, 날마다 빠짐없이 그 가르침에 따라 행한다는 사실을 확인했다. 그는 다시 한 번 그들에게 그리스도인의 의무를 일깨워주고, 또한 영세 받기를 열망하는 그들의 소원을 이루어주기로 마음먹었다.

그는 이미 한양에서부터 이곳 마을에 그리스도인이 몇 명 살고 있다는 소식을 들어 알고 있었다. 그들이 누구인지는 곧 알아볼 수 있었다. 재판관 중 한 사람에게 바로 그 천주교인 남자 세 명을 데리고 오도록 하는 임무가 주어졌다.

그것은 이 세 명의 소박한 농부들에게는 결코 쉬운 행보가 아니었다. 이 원님 저택에서 그들은 과연 무엇을 해야만 했을까? 맨 처음 그들은 학자의 영접을 받았다. 사랑방에서 서로 인사를 나누면서 각자의 영세명을 말하고서 그들이 어째서 부름을 받게 되었는지를 밝혔다.

그때 그들은 가슴으로부터 큰 돌덩어리 하나가 떨어지는 듯한 느낌을 체험했다. 깊은 안도의 한숨을 내쉬었다. 사람들은 학자의 이름은 물론, 주변 사정들까지도 너무나 잘 알고 있었기 때문에 아무런 혼선도 일지 않았다. 한 점 흐릿한 의혹도 없이 그때 그들은 인생의 거대한 경이로움 중 하나를 경험했다. 마을과 그 지역의 최초 관리인 그들의 원님이 영세를 받게 되다니!

이존창 곤자가가 그들을 원님에게 소개하자 모두가 늘 하던 대로 무릎을 꿇고 머리를 조아렸다. 그러나 아주 깊은 감동을 받은 그들은 진정 가슴에 가득 넘치는 기쁨으로 인사를 했다.

여성교인 두 명도 참석했다. 그날 저녁 순박한 농민들이 바로 지체 높은 원님 가족의 대부가 된 것이다. 모두가 행복감에 젖었다. 주님 안에서 새로운 형제자매가 된 기쁨이 아닐 수 없었다.

안드레아는 원님 김광옥의 새로운 이름이었다. 그의 부인은 안나라고 했으며, 사내아이는 안토니오, 두 여자아이는 아가타와 아마타였다.

원님은 영세를 받은 다음에도 이전이나 다름없이 자신의 직무를 수행해 나갔다. 하지만 일요일에는 될 수 있는 대로 업무계획을 비웠다. 마침 오늘은 그리스도인들이 마을로부터 이곳 관청으로 와서 관리의 가족과 함께 주일기도회를 가졌다. 안드레아 자신은 주석이 달린 복음서의 한 부분을 때때로 낭송하였으며, 그에 곁들여 천주교인의 기도와 덕행에 대해서 자유로이 이야기를 나누었다. 정말 유익한 시간이었다. 모두가 하느님의 자녀이자 한 가족 같은 느낌이 들었다.

이 이야기는 곧 교인이 아닌 보통사람들에게까지 널리 전해졌다. 그들은 이 일을 어떻게 보고 이해해야 할지 몰라 고개를 저었다. 그렇지만 원님은 그에 대해 별로 개의치 않았다.

중국의 사제 주문모 야고보와의 만남은 나리에게 깊은 체험이 되었다. 2년 전인 1795년부터 그는 한양에 머물렀다. 그는 이미 4천 명의 그리스도교인이 살고 있는 이 나라 최초의 가톨릭 신부였다. 하지만 유감스럽게도 몇 달 안 되어서 그의 체류가 발각되고 말았다. 다행히도 그는 마지막 순간에 숨어 살던 집을 가까스로 빠져나올 수 있었다. 그 이후로는 세상 어디라도 몸 하나 숨길 만한 곳이 없으리라는 생각이 들었다.

관청 당국도 외국인 한 사람이 있다는 사실을 알고 있었을지 모르지만, 그의 체류는 믿을 만한 몇몇 사람들을 제외하고는 철저한 비밀에 붙여졌다. 신앙적으로 충분히 검증된 그런 사람들에게만, 그리고 그렇지 않은 사람일지라도 철저한 심사숙고와 상담을 거쳐 사제로부터 성체성사를 받을 기회가 주어졌다. 그렇기에 근근 6년이 지나도록 비밀스레 이 땅에 머물 수가 있었고, 그리하여 영세를 통해 많은 사람의 영혼을 구원했고 신앙의 전파에도 큰 작용을 했다.

이존창 곤자가는 바로 이 일에 정통한 사람 중의 하나였다. 그는 자기 조카사위 안드레아가 사제를 방문할 수 있도록 허가를 내렸다. 안드레아는 보통 남자의 평상 옷을 입고 괴나리봇짐을 진 채, 손에는 지팡이를 들고 길을 나섰다.

뜨거운 여름날 오후였다. 먼지를 흠뻑 뒤집어쓴 채, 피곤이 역력한 기색으로 그는 한양의 남대문에 도착했다. 여인숙이 많아 쉬어갈 수도 있었지만 어느 한 곳에도 묵어 쉬지 않고 곧장 학자의 집을 향해 발걸음을 재촉했다. 그의 집은 작은 동문 부근에 있었다. 거기서 사흘 동안 기다렸다.

이존창 곤자가와 함께 그는 사제가 숨어 있는 집을 찾았다. 뒤편에 있는 방으로 안내되었다. 문이 열려 있었다. 중국인 신부가 방석에 앉아있는 게 보였다. 머리에는 조선 사람처럼 상투를 틀었고, 전형적인 학자풍의 연보라색 옷을 입고 있은 것이 아닌가!

안드레아는 무릎을 꿇고 깊이 머리를 숙여 "예수찬미(할렐루야)!"라고 인사를 했다.

사제는 다정하게 고개를 숙이며 "아멘"이라고 답을 했다.

안드레아는 머리를 수그린 채, "신부님께서 우리 무지한 자녀들에게 오셔서 온갖 불행을 짊어지셨음을 감사드립니다."라고 인사를 했다.

신부는 활기 찬 목소리로 대답했다. "오, 나는 기쁜 마음으로 조선의 천주님 포도원에 왔습니다."

김광옥 안드레아는 자기 가족에 대해서, 그리고 자신이 하는 일에 대해서 짤막하게 이야기를 하고 나서, 그가 어떻게 신앙생활에 들어서게 되었는지를 차근차근히 보고했다.

다른 교인들도 그 자리에 모였고, 모두가 고해성사를 행하였고, 미사에도 참여하여 신부로부터 성찬을 받았다.

며칠 동안 김광옥 안드레아는 한양에 머물면서 새로운 교회의 중요한 조역자들을 알게 되었다. 그들은 권철신 암브로시오, 정약종 아우구스틴, 이승훈 베드로, 황사영 알렉산더, 그 이외에도 여러 사람들이었다. 그런 후에 그는 다시 여행지팡이를 집어 들고, 나흘간의 도보여행을 하여 예산 마을로 되돌아왔다. 그는 부인 안나에게 한양에서 있었던 일들에 대해서 이야기해주었고, 사제를 만난 일에 대해서는 "정말이지, 나는 하늘나라의 황제인 예수 그리스도의 사자를 두 눈으로 보았고, 하나님의 은총을 받았다오."라고 말했다.

그 후 얼마 안 되어 안나 부인도 한양으로 가게 되었다. 두 사람이 지는 가마를 타고 가는 여행이었다. 사제와의 만남은 그녀에게도 깊은 감동적 체험이 되었다. 처음으로 미사에 참여하였고, 또한 처음으로 성체성사를 받았다.

이제 김광옥 안드레아는 한양 장안에서 돌아가고 있는 온갖 정황에 대해서도 더 많이 들어 알게 되었다. 이존창 곤자가는 고관들 사이에 교인들에 대한 적대감이 꾸준히 증가하고 있는 것에 깊은 우려를 표명했다. 모두가 알고 있다시피, 당장은 임금님께서 남달리 종교에 대해 호의적인 생각을 갖고 있어서 모르지만 앞으로는 언제고 쉽게 들이닥칠 험한 현실이라고 말했다. 일단 박해령이 발효되면 박해나 추방을 피할 수 없으며, 그렇게 되면 믿는 자들에게는 아주 어려운 고난의 시기가 될 것이라고 했다. 마귀와 사악한 자들이 교리에 맞서게 될 것이라고 교리서에서 읽어 알게 되었기에, 모두는 주님께 능력을 달라고 기도를 해야 할 것이며, 언제나 마음을 굳게 먹고 그리스도를 증거해야 할 것이라고도 했다. 이러한 순교자의 증거는 책을 통해서 알게 되는 것만은 아니었다. 몇몇 사람들은 이미 하느님을 위해서 자기의 생명을 바치어 그들에 맞서 싸워 이겨내려고 했다.

또 다시 김광옥 안드레아와 이존창 곤자가는 뜰 안의 정자에 앉았다. 가을이었다. 소나무의 구릿빛 줄기 사이로 푸른 과꽃이 피었다. 두 사람은 천주교인들에게 다가오는 위험상황에 대해서 이야기를 나누었다. 안드레아도 입을 열었다.

"내 집안에서 정권의 앞잡이들이 그렇게 하는 꼴을 그냥 보고만 있지 않을 거예요. 예수님은 성내 집안에 머물지 않고 그날 저녁 갈리바산으로 가셨습니다. 그분은 손에 칼을 쥐고 싸우신 것이 아니라 신령의 검을 쓰셨습니다. 나는 그분을 따를 것입니다. 위험이 다가오면 산으로 피신할 겁니다. 가족은 다른 지방의 친척에게 보내겠습니다." 그리고는 잠시 목소리를 낮추어 "희생이 필요할 때가 되면 나는 하느님을 위하여 나의 목숨을 바칠 각오도 되어 있어요."라고 말했다.

이존창 곤자가가 머리를 끄덕였다. "하느님께서 도와주시겠지요."라고 짤막하게 대답했다.

그 후 얼마 안 되어 1801년 초 몇 달 동안에 있었던 일이다. 날마다 차가운 북서풍이 몰아쳐 잿빛 헐벗은 들판을 스쳐갔다. 막 바람이 문가를 두드릴 무렵, 왕실의 파발꾼이 예산 원님 댁의 뜰 안으로 내려왔다. 그는 정부의 포고령을 소지하고 있었다. 원님은 무릎을 꿇고 몸을 깊숙이 숙인 채 서한을 받았다. 그것은 천주교를 금지한다는 무서운 지령이었다.

포고문은 수렴청정을 하던 김 대왕대비의 이름으로 발행된 것이었다. 김 대왕대비는 반년 전부터 그녀의 조카인 겨우 11살 먹은 순조 임금을 대신해서 직무를 수행하고 있었다. 이 여인은 오래전부터 그리스도교인들에 대해서 못마땅하게 생각해 오던 터에, 고위관리들이 압력을 가하자 재빨리 승복하고 그 포고문을 공포한 것이다. 그 안에는 누구라도 위험하고 사악한 교리에 계속 끈질기게 매달리는 자는 엄벌에 처하겠다는 내용이 담겨 있었다. 곧 집요한 천주교도들을 사형에 처할 수 있도록 관리들에게 권한을 강화시켜준 셈이었다.

원님의 집에서는 이러한 경우에 대한 대비책 같은 것들이 논의되고 결정되었기 때문에, 김광옥 안드레아는 신속하고 일사불란하게 처신하였다. 그는 포고령을 그의 부인에게 보여주고, 즉시 천주교인 가장 세 사람을 마을에서 오라고 해서 그 내용을 통보했다. 그 밖에 다른 사람에게는 알리지 않았다.

동이 틀 무렵 소박한 모습의 가마 한 대가 원님의 관청을 떠났다. 소 일조가 끄는 수레가 가재도구를 싣고 그 뒤를 따랐다. 안나 부인과 아이들이 다른 지방에 사는 친척집으로 보내지는 것이었다. 참으로 가슴 아픈 이별이었다. 하지만 모두가 다시 만날 것을 기약했고, 하늘로부터의 권세를 생각하며 담대한 마음을 가졌다.

부인과 아이들이 떠나가자 원님은 아전의 우두머리인 호장(戶長)에게 편지를 썼다. 급한 일로 멀리 여행을 떠나겠으니 행정업무를 계속 잘 수행해 줄 것을 부탁하는 내용이었다.

그 날 아침 농부 두 사람이 또한 괴나리봇짐을 등에 매고 들판을 지나 남쪽으로 향했다. 한 사람은 양모피를, 다른 사람은 개의 모피를 몸에 걸치고 있었다. 그들은 다른 사람이 아닌 원님과 마을에서 온 천주교도 중 한 사람이었다. 그들 앞에, 아주 저 멀리 아침 안개에 휩싸인 채, 골짜기가 많은 산들이 보였다.

그곳, 암벽 사이 어디엔가에다 그들은 초가움막을 짓고 생활을 꾸려나갈 생각이었다. 때때로 한 사람은 그 움막에서 나와 시장으로 가서 식량을 조달하고 정세가 어떻게 흘러가는지도 살펴보기로 했다.

저녁에 그들은 한 마을 숙소에서 잠을 잤다. 이튿날 아침 일찍 그 자리를 떠나 숲 속으로 몸을 감췄다. 곧 메마른 개울이 길을 엇갈리게 했다. 그들은 계속 위로 올라갔다. 참 가파른 길이어서 힘들었다. 마침내 마음에 드는 한 장소를 발견했다. 나지

막한 덤불 숲 위에는 노란 암벽들이 빛을 발하고 있었다. 그쪽으로 올라가니 널찍한 틈새가 보였다. 그 앞에는 짙은 전나무 몇 그루가 서 있었고, 장소를 은폐시켜 주려는 듯 가지들이 펼쳐져 있었다. 가까이에는 맑은 샘이 솟아나고 있었다. 이웃 장터까지는 반나절 정도 걸으면 닿을 거리였다. 참 안성맞춤이었다. 두 남자는 여기에서 머물기로 결정했다.

같이 온 농부는 창과 갈고리, 몇 개의 철제 끌과 톱 모양의 도구를 가지고 왔다. 그는 즐거운 마음으로 열심히 동굴을 사람 살기에 적당하게 다듬고 정성들여 지붕도 얹었다. 원님은 그러나 작은 쌀 한 포대를 끌고 왔고, 거기에 곁들여 부싯돌과 쉽게 불을 붙일 수 있는 삼 찌꺼기, 그리고 동전 몇 다발을 가지고 왔다. 시냇물이 메말라 하상(河床)에는 쌓여 있는 돌들이 많이 드러나 보였고, 다시 사람들이 다니는 길이 되었다. 두 사람은 하루를 휴식과 기도와 일하는 시간으로 나누었고, 선량한 형제들이 그렇게 하듯, 함께 살며 서로 돕고 섬기었다.

달은 벌써 모습을 바꾸었으며, 호랑이도 표범도 또는 인간도 이 은둔자들을 놀라게 하지 않았다. 거친 바람이 멎고 봄이 온 땅에 다가왔다.

어느 늦은 오후였다. 나무의 어린 우듬지에 마지막 햇볕이 노닐고 있었다. 아래 나뭇가지에는 어둠이 깃들기 시작했다. 안드레아는 초가지붕 앞에 무릎을 꿇고 잿더미 속에서 불씨를 쑤석거리어 막 새로운 불길을 일으킬 즈음이었다. 그때 저 건너

메마른 산골짜기의 급류에서 바스락거리는 소리가 들렸다. 안
드레아는 재빨리 몸을 일으켜 소리가 들려온 쪽을 바라보았다.
다시 나뭇가지들이 부러지는 소리가 들리더니 사람 머리가 하나
떠올랐다. 원님은 곧 형리인 걸 알아차렸다. 뒤이어 다른 자들
이 밀어닥쳤다. 그는 초가지붕 앞에 가만히 서서 보따리를 가까
이 가져오게 했다.

"당신이 예산의 원님이지요." 우두머리가 말했다. "우리들은
당신을 알고 있소. 예수쟁이시고……. 우리들은 지방청에서 나
왔소. 당신을 체포하겠소." 너무나도 놀란 나머지 김광옥 안드
레아의 얼굴에는 핏기가 싹 가시었다. 그렇지만 침착함을 잃지
않고 조용히 대답했다. "난 준비가 되어 있소. 그래 갑시다." 나
지막한 목소리로 그는 덧붙여 말했다. "나는 하느님의 부르심을
받은 것뿐이오."

"당신 혼자이오?"

"어제부터 나 혼자 있소. 같이 있던 사람은 떠나갔소. 언제
돌아올지 나는 모르오."

그 자들은 원님에게만 관심을 두고 있는 것 같았다. 더 이상
묻지도 않고 목에 오랏줄을 던져 상체를 꼭 결박했다. 그리고는
그 자리에 내려앉았다. 한 사람이 물을 떠오자 모두가 마시면
서, 가지고 온 기장과 밥을 먹었다. 그런 다음 잠시 휴식을 취했
다. 날이 어둑어둑해진 다음에야 길을 떠났다. 물이 말라 텅 빈
개울의 거친 자갈길을 다시 지나 아래 골짜기로 걸어갔다. 험한

그 길은 지방 도시로 통했다. 자정이 훨씬 지나 관리의 집에 도달했다.

이튿날 아침에 벌써 첫 심문이 행해졌다. 고을 원님이 피고의 자리에 무릎 꿇고 앉아서 정당함을 변호해야 하는 처지가 되었으니 두말할 나위 없이 특이한 일이 아닐 수 없었다. 재판관도 아주 멋쩍은 듯, 피고가 포고령을 이미 잘 알고 있지 않았느냐 하는 점을 특별히 환기시켰다. 그리고 말을 했다.

"나는 한 나라의 녹을 먹고 사는 관리가 이처럼 엄격히 금지되어 있는 것에 대해 아주 완강하게 저항하며 계속해서 그 사악한 교리에 몸을 담고 있을 수 있다는 점을 너무나도 의아하게 생각하는 바이다. 그가 원님 자리를 내팽개치고 도피하였다는 사실도 도저히 용납할 수 없는 일이다."

재판관은 더 이상 배교를 종용하지는 않았다. 대신 종교서적들과 다른 교인들의 명단을 내놓으라고 요구했다. 그 정도는 틀림없이 할 수 있으리라고 그는 생각했던 것 같다.

그러나 김광옥 안드레아는 이렇게 대답했다. "책들은 성스런 교리를 담고 있소이다. 그러니 경외감을 갖고 다루어야 할 것이오. 그것들은 지하에 묻혀 있소. 나는 그것들을 당신에게 줄 수 없소. 마찬가지로 그리스도인 동지들의 이름도 넘겨줄 수 없소. 다른 사람들을 고통에 몰아넣는 죄를 지어서는 안 되기 때문이오."

일언지하에 거부당하자 재판관은 화가 났다. 그는 즉시 첫 채찍질을 명했고, 부하들은 김광옥 안드레아를 대나무채찍으로 때렸다. 그런 다음 신앙 고백자의 목에 무거운 나무판을 두르게 하고는 그를 끌고 가 마당 담장을 따라 있는 낮은 지하 감옥에 집어넣었다.

두 번째 신문 때에도 김광옥 안드레아는 마찬가지로 확고부동한 자세를 취했다. 취조관은 여러 가지 징벌을 가하겠노라고 위협도 하고 회유책도 썼다. 만일 순순히 따르는 모습만 보인다면 좋게 대해 줄 수 있다는 말을 들은 후에도 김광옥 안드레아는 망설임이나 흔들림 없이 말했다.

"이 보시오, 그렇게 윽박지르지 마시오! 더 이상 회유하지도 묻지도 마시오! 나는 지고한 주님과 하느님의 계명을 외면할 수 없소. 이 말 밖에 할 것이 없소."

이 결정적인 말이 재판관의 마음을 새로이 자극했다. 즉시 그는 새로운 고문을 명했다. 신자는 이번에는 치도곤이라고 불리는 손가락두께의 떡갈나무 각목으로 얻어맞았다. 피가 뿜어나왔다. 마침내 살이 찢어졌다. 형리가 기절한 그를 감옥으로 다시 끌고 갔다.

몇 주 뒤에 꿋꿋한 신자는 다시 뜰 안으로 끌려나와 피로 범벅이 된 자리 위에 무릎을 꿇었다. "내가 말하는 걸 잘 들어라." 이번에는 재판관이 말을 꺼냈다. "그대는 가산도 있고, 처자도 있다. 그것들을 다시 볼 생각이 없느냐? 왜 그렇게 고집을 피우는 건가! 죽고 싶으냐?"

김광옥 안드레아가 대답했다. "두말할 나위 없이, 살건 죽건 나에겐 상관없소. 하지만 나의 주님이시자 하느님으로부터 등을 돌릴 수는 없소. 자식이 자기 아비를 부정할 수 없지 않소. 하느님은 모든 그리스도교인들의 아버지라오."

재판석에 앉아 있는 사람은 분노에 가득 찬 눈길로 가만히 청중석 계단 앞 아래에 있는 이 가련한 인간들을 내려다보았다. 이 나라에서 사람들이 말하듯, 용(龍)인 그가 개에 물린 기분이 들었다. 갑자기 그는 자기 옆 자리 위에 웅크리고 있는 서기를 향하더니, 그에게 사형판결문을 작성하도록 명했다. 곧 일이 행해지고, 서기가 관습과 법에 따라 그걸 큰 목소리로 낭독했다. 재판관은 그 문서를 잠시 살펴보고는 부하에게 넘겼다. 그는 그걸 가지고 계단을 내려가 먹물 통 옆에 있는 피고의 얼굴에 갖다 대었다. 이전에 관리였던 그는 어떻게 해야 할지를 알고 있었다. 그는 떨리는 오른손을 검은 액체에 담그고서 재판에 승복한다는 표시로 손도장을 찍었다. 판결이 내려졌다.

후에 안드레아는 함께 잡혀온 사람들에게 자기 마음은 위로로 가득 넘친다고 고백하고, 큰 소리로 기도했다. 천주교를 모르는 사람들은 이 일을 도저히 이해할 수 없어서 가만히 입만 벌리고 앉아있을 따름이었다.

그에 이어 며칠 후 판결을 받은 그 사람은 한 황소가 끄는 수레에 태워져 수도로 보내졌다. 상부 재판소에서 판결이 다시 확정되고 처형장소도 지정되어야 했다.

법조대신은 판결이 담긴 서류를 받아들고, 그의 자문단과 잠시 상의한 후 처형은 고향인 예산에서, 집행방법은 참수로 할 것임을 덧붙이게 했다. 그러고 나서 검은 먹으로 지문날인 된 그 옆에 크고 붉은 관인을 찍었다. 이제 전 원님 김광옥은 사형에 처해질 수밖에 없게 되었다.

바로 그 즈음에 예산 부근의 내포에서 온 김광옥 안드레아의 친척 한 사람이 마찬가지로 교인이라는 이유로 처형되는 일이 벌어졌다. 형리 네 명이 사형수 한 사람을 동반하였고, 두 무리로 나뉘어 진행되었다.

체포된 사람들은 서로 모르는 사이인 것처럼 행동했다. 그렇게 함으로써만 서로 격리되는 걸 피할 수 있었고 함께 있으면서 서로 위로를 받을 수 있었기 때문이다. 여행은 한 주일이 걸렸고, 밤마다 사람들은 여인숙이나 관아 건물에서 휴식을 취했다. 길이 갈라지게 되자 행렬은 보통 때와는 달리 가던 길을 멈춰 섰다. 신자 두 사람이 서로 작별인사를 나누었다. 형리 한 사람이 나중에 전하는 바로는 한 사람이 "잘 가시오! 내일 우리 하늘나라에서 만나겠지요. 자, 이제 평안에 잠깁시다!"라고 인사했더니, 다른 한 사람이 "그래요. 나는 갑니다. 내일 정오에 그렇게 되겠지요. 그때 우리 다시 만납시다!"라고 대답했다고 한다.

또 다시 사람들은 한 숙소에서 묵었다. 그러고 나서 고된 길의 마지막 단계에 이르렀다. 오후가 되자 예산에 당도할 수 있었다. 김광옥 안드레아는 고향언덕길을 올려다보았다. 갑자기 깊고 깊은 위로의 마음이 그의 가슴에 넘쳐났다. 그 어떤 든든함이 온몸에 번지는 것이었다. 그는 머리를 쳐들고 저 먼 곳으로 눈길을 던졌다. 거기에는 틀림없이 아내와 세 자녀가 머물고 있겠지……. 예산에서 온 사람들과 만나게 되니 새삼스러운 고통이 그의 가슴을 찔렀다. 새로운 치욕도 불타올랐다. 그는 눈길을 내리고 아무도 보려고 하지 않았다. 찢겨지고 피가 물든 농부의 옷을 입은 채 범죄자의 모습으로 이쪽으로 오게 되다니 그 자신 어찌 감당할 수 있으랴. 먹구름이 그의 앞을 스쳐지나갔다. 아마도 그것은 마지막 시험이었으리라. 곧 그 순간이 지나자 하늘로부터 내려오는 은총과 강력한 힘을 느꼈다.

계속해서 관청 건물로 향하였다. 마침내 중범죄자들을 가두어두는 처참해 보이는 감옥에 갇혔다.

이튿날 지방도시에서 한 관리가 도착했다. 한 무리의 형리가 그를 수행했다. 마을 바깥, 소나무가 울창한 언덕마루에 원형 광장이 펼쳐지고 한 경계를 이루고 있었다. 마을사람들 모두가 소집되었다. 그들은 꺼리는 마음으로 말없이 그곳에 도착했다. 잠시 기다리니 원님 댁의 형리들 한 무리가 나타났다. 그 한복판, 열려진 가마 안에는 지방재판소의 관리가 앉아 있었다. 그 뒤를 따라 안드레아가 볏짚으로 만든 들것 위에 실려 큰 소리로 의연하게 기도하면서 들어왔다. 이런 세속을 떠난 평온함에 사람들은 깊은 감동을 받는 것 같았다. 그 남자는 믿지 않는 자들에게는 하나의 수수께끼 같은 존재였다.

한 사람이 이렇게 말했다. "그들이 자기에게 행하는 일에 그는 어쩌면 저리도 만족해할 수 있단 말인가?"

가마를 끄는 형리들은 재판장으로 통하는 입구를 가로 막았다. 교수형리가 안드레아를 그 한복판으로 이끌고 갔다. 거기에는 말뚝과 통나무들이 세워져있었다. 김광옥 안드레아는 머리를 쳐들고서 관리를 쳐다보면서 소리를 쳤다. "아직 나의 기도는 끝나지 않았소. 잠시만 기다려 주시오!" 재판관은 그에게 몸을 굽히고서 기다렸다. 형리들도 조용히 있었다. 원님을 지낸 그 사람은 기도를 계속했다. 그리고 말을 이었다. "성총(聖寵)을 가득히……. 마리아여……." 그는 성모 마리아에게 기도했다.

남몰래 그 자리를 지키고 있던 한 그리스도교인은 안드레아가 묵주 기도를 했노라고 말했다. 그 지역에서 공동체적 기도를 드릴 때처럼, 그는 노랫가락이 담긴 톤으로 크게 봉헌기도를 했다는 것이다. 그리고 계속해서 무릎을 꿇고 십자가를 긋고 결심을 한 듯, 김광옥 안드레아는 손으로 통나무를 붙잡고 조금도 떨지 않고 자기 머리를 그 위에 올려놓았다는 사실도 전했다. 너무나 의연한 모습에 고귀하고 품위 있는 자세를 갖추고 있어서 지켜보고 있는 형리의 마음에 큰 감동을 주었고, 그로 인해 그는 잠시 마음이 흔들린 나머지 칼을 내려친다는 것이 그만 빗나가 어깨에 맞았던 것이다. 사람들이 경악하며 소리를 내질렀다. 김광옥 안드레아가 오히려 무릎을 꿇고, 허리띠 가에 있는 헝겊을 붙잡아서, 피나는 곳을 닦고서는 "주의하시오! 제대로 치시오!"라고 외쳤다고 한다. 그렇게 사형집행이 끝났다. 1801년 8월 25일 정오 시간이었다. 같은 시간에 내포에서는 김광옥 안드레아의 처삼촌이 영예롭게 죽음을 맞이했다.

고요한 뜰 안에는 푸른 수선화가 피어 있었고, 편편하고 푸른 이파리들 사이에는 연꽃의 새하얀 별이 빛을 발하고 있었다.

이존창 곤자가도 그 해에 예수 그리스도의 피의 증인이 되었다. 위대한 전도사로서의 그에 대한 추억은 오늘날까지도 생생하게 살아 있다.

하지만 안나 부인과 아이들은 박해를 피해 살아남아 낯선 곳에 머물고 있었다.

평신도 협조자 강완숙 콜룸바*

"완숙이 집에 있어요?" 대문 쪽으로부터 명랑한 아이 목소리가 들렸다. 부엌문이 열리더니, 그 집의 12살 먹은 딸 강완숙이 거무칙칙한 얼굴을 내밀었다.

"왜 그러니?"

"내일 아침 일찍 부처님 집으로 함께 가보자꾸나! 오늘 우리 어머니가 거기로 가셨어. 그러면서 나보고 뒤따라오라고 하셨어."라고 그 아이가 말했다.

완숙의 머리가 사라지는가 하더니 다시 모습을 보였다.

"그래, 함께 가자." 그녀는 약속을 했다.

어느 날 오후 늦게 조선 중부의 한 마을[1] 내포에서 있었던 일이다.

이튿날 이른 아침에 두 소녀는 서로 손을 잡고 이슬 촉촉이

---

* 이 작품은 역사적 사실에 가깝게 서술되어 있다. 그러나 말미에 나오는 박해와 강완숙 등의 체포과정에 관한 서술은 사실과 어긋나는 점도 있다.
1) 내포마을 : 내포는 마을이나 도시명이 아니라 금강의 지류인 무한천과 삽교천 사이의 지역을 지칭하는 지명이다.

내린 들판을 지나 가까운 숲속으로 갔다. 그곳은 온통 축제 분위기에 휩싸여있었다. 하지만 나무들 속에는 어두운 그림자가 짙게 걸려 있었다. 갑자기 가까이서 터진 천둥처럼 우르릉 쾅쾅하는 소리가 나뭇가지 사이로 들렸다. 아이들은 놀라서 일어나 도망가기 시작했다. 예식이 끝날 무렵이면 커다란 징소리가 크게 울리는 걸 몰랐던 것이다. 그들이 절 앞에 도착했을 때, 반짝이는 태양은 크게 휜 어두운 지붕들 위에 바짝 머물러 있었다. 소녀들은 조심스레 넓은 자갈길을 걸어 내려와 붉은 대문 쪽으로 올라갔다.

문틈을 통해 뜰 안을 들여다보았다. 10명의 스님들이 노란 가사[2]를 걸치고 천천히, 그리고 한 사람씩, 원을 그리며 움직이고 있었다. 절로 통하는 여섯 계단들 중 가장 아래쪽에는 한 남자가 앉아서 피리를 불고 있었고, 절의 축대 위에는 젊은 승려 한 사람이 놋으로 만든 큰 징을 힘껏 내려치고 있었다. 절 맞은편, 마당 담장 옆에 여자들 몇몇이 웅크리고 있었다. 그들이 이 장례식을 준비했다.

그리 오랜 시간이 걸리지는 않았다. 음악 연주와 노래가 그치자 곧 예식도 끝났다. 사제들은 주택으로 들어갔고, 부인들은 손님들을 맞이하기 위해 마련된 방으로 들어갔다. 마당은 텅 비

---

2) 노란 가사 : 우리나라 불교의 경우에는 전통적으로 먹물 옷을 입었다.

어있었다. 거기에는 소녀들이 기다리고 있었다. 그들은 뭔가 좀 꺼리는 듯한 기색을 보이며 조심스레 좁은 문틈을 빠져나와 오른편 높은 화강암 계단으로 올라가서 사찰 쪽으로 향했다. 녹색 격자 창문이 활짝 열려 있었다. 그들은 가슴을 두근거리면서 기둥이 있는 베란다 앞으로 올라가 신발을 벗고서 반사되는 갈색 마루청의 낮은 문지방 위로 천천히 발길을 옮겼다. 까치발걸음으로 제단 앞으로 가서 무릎을 꿇고 앉았다. 그리고 머리를 숙이고는 그곳 넓고 흰 연꽃 위에 은은한 금빛 광채 속에 앉아 있는 부처님에게 절을 했다. 그 다음 재빨리 일어나서 다시 까치 발걸음을 하고는, 옆 벽을 지나 그림들이 있는 쪽으로 갔다. 그들은 서로 귀엣말로 쏙닥대더니 거기서 고통을 받고 있던 악한들을 손가락으로 가리켰다. 그런 사람들은 황량한 눈더미 한복판에서, 얼어서 연못의 얼음이 되었거나, 불길 가득한 가마솥 속에 처박혀 있거나, 긴 의자에 앉은 채 톱질을 당했다. 그리고 나서 소녀들은 다른 벽 쪽으로 가서 은빛 구름 위에서 유유히 떠돌거나 꽃피는 초원 위를 거니는 죽은 사람들의 모습을 보았다. 그들은 이것저것 이 모든 걸 살펴보고 그곳을 떠나갔다. 그러는 와중에 다시 한 번 부처에게 인사드리는 것을 잊었다. 그들은 막 식사를 하고 있던 여인네들을 만났다.

이 거대한 사찰경내에서 멀리 않은 곳에 작은 집이 있었다. 불교 비구니들이 거주하고 있는 건물이었다. 강완숙과 그녀의 친구는 그곳으로도 가보았다. 강완숙은 수석비구니를 알고 있었는데 그녀를 꼭 만나보고 싶은 마음이 들었다. 언젠가 강완숙이가 좀 더 자라면 자기에게 와서 머물도록 해 주겠다는 약속도 한 적이 있었다.

여러 해가 지났다. 강완숙은 이처럼 남모를 계획을 품고 자라났다. 그렇지만 아버지가 어느 날 결혼에 대한 이야기를 꺼내더니 얼마 되지 않아서 신랑이 집으로 선을 보러 왔다. 거역할 힘이 없었다. 그럭저럭 승낙이 이루어진 것이 되어 강완숙의 혼례식이 거행되었다. 곧 그녀는 시댁으로 갔다. 신랑은 홀아비였다. 어머니와 함께 살고 있었다. 두 집안은 양반관리가문에 속했다. 남편의 집은 재산이 많았고 논과 임야와 어업권도 소유하고 있었다.

하지만 나이 어린 그녀에게는 참으로 감당하기 어려운 무거운 짐이 지워지게 되었다. 날이 가면서 남편이 정신적으로 저능한 사람이라는 걸 알게 되었고, 그런 까닭에 그의 형 되는 사람이 종종 집을 찾아와서는 이모저모 보살펴 주곤 하는 것이었다.

그러나 강완숙은 실망하지 않았다. 그녀는 올바르게 처신하려고 애썼다. 그녀의 남편이 할 일을 대신하는 것 말고도 의붓자식을 올바르게 돌보고 사랑을 베푸는데 힘썼다. 본성이 착하고 영리한 그녀는 무엇보다도 시어머니의 마음을 사로잡았다. 시어머니가 애써 하는 일거리들도 가져다가 기쁜 마음으로 처리했고, 항상 맛있는 음식을 차려드렸다. 작은 일들에 만족하며 살

앉다. 하루도 빠짐없이 시어머니의 잠자리를 마련해 드리는 것
도 잊지 않았다. 곧 시어머니는 자기 아들이 못되게 굴 때에는
그녀를 터놓고 감싸주는 사람이 되었다.

언젠가의 일이었다. 친지 한 사람이 집에 놀러 와서는 남편
과 시어머니에게 새로운 천주교 교리에 대해서 이야기를 하는
것이었다. 곧 시어머니는 "애야, 이리 와서 얘기 좀 들어봐라!"
라고 하며 며느리를 불렀다.

강완숙은 기다렸다는 듯이 문지방까지 다가가 앉아서 이야
기를 듣기 시작했다. 아주 주의 깊게 귀를 기울였다.

이튿날 그녀는 방문자와 단둘이서 대화를 나누게 되었다. 그
일이 끝날 무렵 그녀는 작은 책자도 받았다. 옷소매에 감추어져
있던 붓으로 깨끗이 쓰인 것이었다. 교리문답서였다. 강완숙은
그걸 열심히 읽었다. 그 안에 쓰여 있는 내용이 마음에 들었다.
땅이란 하늘 아래 있는 것이므로 하늘나라의 주인께서 땅의 주
인도 되어야 할 것이라고 그녀는 생각하게 되었다. 텅 빈 가슴
속으로 무언가가 깊이 밀려드는 것 같은 느낌이 들었다. 이제
그것 없이는 더 이상 살아갈 수 없을 것 같았다. 그녀는 기도하
기 시작했다.

틈이 나면 그녀는 손님이 해주고 간 말씀으로 화제를 돌렸
다. 남편은 알았다는 듯 고개를 끄덕이며 "좋아요. 좋아."라고
말했다. 그러나 그가 친구들의 집에 놀러가서는 그들이 신앙에
반대되는 이야기를 끄집어낼 때에는 그들의 말이 옳다고 쉽게

인정하곤 했다. 어느 때에는 이렇게 말했다가, 또 다른 때에는 그와 달리 말하는 그런 식이었다.

그때 강완숙은 침묵을 지켰다. 시어머니도 설복시킬 수 없었다. 조상제사를 포기할 수 없노라고 하며 시어머니는 고개를 절레절레 흔들었다. 모든 것이 이전 그대로 머물 수밖에 없었다.

그 후 얼마 안 되어 이런 일이 벌어졌다.

어머니가 제사를 모시던 방으로 들어갔다. 지금까지 종종 그녀는 제물을 그곳에 갖다 놓곤 했다. 이 일을 그녀는 친히 행해왔고, 그것을 자신의 의무와 특권으로 여겨왔다. 그녀가 일을 끝내고 문지방을 막 넘어설 찰나였다. 그때 바로 머리 위에서 우지직 하는 소리가 들리더니, 이내 덜커덩 하는 거친 소리가 몰아쳤다. 이부자리가 들썩거리더니 우르릉 쾅쾅 무엇인가 굴러가는 소리도 들렸다. 어머니가 소리를 지르고 문밖으로 뛰어나갔다. 강완숙이 이미 그녀 곁에 있었기에 어머니를 품에 안았다. 두 여자는 서로 꼭 껴안고 있었다. 땀이 그들의 이마에서 흘렀다. 거의 숨이 막힐 지경이었다. 그러나 갑자기 소음이 시작되었다가 멈췄다. 말할 수 없는 정적이 뒤따랐다. 붙잡고 있던 손을 천천히 풀고, 두 여자는 말없이 주위를 둘러보았다. 집안 전체를 자세히 살폈다. 아무 것도 보이지 않았다. 어디에도 사람이나 짐승의 자취는 보이지 않았다. 또 어느 곳에도 손상된 것이 전혀 없었다.

"무섭구나!" 시어머니는 얼굴이 새파랗게 질려 신음하듯 말했다.

강완숙은 그러나 아주 진지하고 심각하게 말을 이었다. "어머님, 마귀가 봐요. 악령이 이런 짓을 한 거예요!" 그녀는 책에서 마귀에 대한 가르침을 읽었던 일이 생각났다.

이쯤 되자 어머니에게도 그런 깨달음이 왔다. 그녀는 자기가 지금까지 완고하게 지켜 왔던 이런저런 일들로부터 등을 돌리고 몸을 떨면서 아주 크고 간절하게 요청했다. "얘야, 너는 나 같은 늙은 여자에게도 가르침을 줄 수 있겠니?"

"그럼요, 어머님." 강완숙은 대답하고서, 바로 그날부터 열심히 그리고 꾸준히 성경공부를 가르치기 시작했다. 그때 두 명의 여종들도 함께 했고, 젊은 남자도 배웠다.

언젠가 강완숙은 이웃여자로부터 이런 이야기를 들은 적이 있었다. 얼마 전부터 지역 내 감옥에는 천주교인들이 갇혀 있는데, 그들은 단지 금지된 신앙을 갖고 있기 때문에 체포된 것이라는 것이었다. 그 생각이 줄곧 완숙의 머리에서 떠나지 않았다. 그녀는 밤낮으로 이 가련한 사람들에 대해 마음을 쓰고 있었다. 사방이 어둡고 납작한 나무 틀 안에 머무는 것이 이미 하나의 커다란 고통이었는데, 거기에다 그들은 목마름과 허기에 시달렸고, 몸에 걸친 옷들도 조각조각 떨어져나갔는데도 그대로 입고 지내야만 했다. 완숙은 어느 날 용기를 내어 간수에게로 갔다. 거친 사내들에게 다가간 다음 특별한 말재간을 발휘하여 그녀는 미리 가지고 간 것들 중 반을 수감자들에게 건네줄 수 있었다. 그러나 한 감독자가 이런 자애로운 일을 하는 그녀를 급습하여 체포하려 했고, 그녀 스스로도 피하지 않았다. 이튿날 그녀는 다시 석방되었다. 그녀는 아직 세례명을 가지고 있지 않았다. 더욱이 그녀의 집안이 상당히 명망이 있는 가문이기 때문에 어려움이 많았다.

강완숙이 집에 돌아오자 남편은 그녀에게 아주 심한 질책을 퍼부었다. 천주교를 받아들이려 하지 않았던 그는 자기 아내가 그런 위험한 일을 당해도 싸다고 여겼다. 시어머니가 다시 완숙의 편을 들자, 그는 버럭 화를 내며 "난 집안에 절대로 천주교인을 두지 않겠어요. 그런 사람들과는 더 이상 상종도 하지 않겠어요."라고 소리치며 소란을 피웠다.

그러자 그의 형을 다시 불러들였다. 그러나 그동안 가족을 이미 갈라놓고 있었던 아주 깊은 간격이 분명히 드러나고 말았다. 마침내 시어머니, 완숙, 의붓자식, 완숙이 남편에게서 얻은 딸이 집을 떠나 가족의 소유인 한양 집으로 이사를 했다. 남편은 재혼을 했고, 새로운 하인들이 들어오는 바람에 여종 두 사람도 풀려나 그들과 함께 가게 되었다.

일 년 후 음력설이 지난 지 얼마 안 되는 때였다. 북풍한설이 좁은 골목길까지 몰아쳤다. 바람은 한양의 작은 마당 빈터 곳곳까지 들이닥쳐서 낮은 지붕들 위를 덮쳤고, 넓은 간선도로 위를 넘어 높다란 붉은 빛 대궐문에까지 붙었다. 바깥은 다니는 사람들조차 보기 힘들었던 추운 날씨였다. 최초의 사제인 중국인 주문모 신부가 베이징에서 이곳에 도착했다. 그를 둘러싼 모든 것은 철저히 비밀에 붙여졌다. 아주 확실히 믿을 만한 교인들 몇 사람만이 그의 존재와 체류에 대해서 알고 있었다. 강완숙은 도착하자마자 천주교인들과 줄이 닿았고, 그녀의 확고한 믿음과 그녀 마음의 정결함이 총회장 최인길을 감동시켜 그녀를 사제에게 소개시키게 했다.

그 일은 이렇게 전개되었다.

어둠이 도시 전반으로 드리우자 도시의 종소리가 둔탁하게 울리기 시작했다. 여느 때 마냥 통행금지를 알리는 소리였다. 남자들은 도시의 길목이나 광장에서 보내는 시간이 지났으며, 여인네들만이 자유로이 나다닐 수 있게 되었다는 사실을 알리는 소리이기도 했다. 그런 어느 날 저녁 강완숙은 망토같이 생긴 커다란 녹색 외출 겉옷을 걸치고 혼자 숙소를 떠나 최인길 댁을 찾아갔다. 거기에는 바로 그 사제가 있었다. 사전에 모든 약속이 이루어져 사람들이 그녀를 기다리고 있었다. 집주인이 사제의 방으로 안내했다. 그녀는 문턱에서 무릎을 꿇었다. 중년의 남자인 신부는 새하얀 면으로 된 한복을 입고, 머리 가르마 한가운데 한국식 상투를 두른 채, 검은 방석을 깔고 앉아 있었다. 그는 즉시 손을 올려 축복을 주었다. 그러고 나서 회장에게 몇 마디 말을 했고, 그는 그 말을 다시 한국말로 옮겼다. 자리에 앉으라는 권유였다. 강완숙은 성호를 긋고, 양손을 포갠 채 문지방을 넘어 들어가, 딱딱한 옥수수 짚으로 만든 방석 위에 앉은 다음, 경의를 표하며 겸손한 자세로 손을 무릎 위에 얹고 눈길을 내린 채 다소곳한 자세를 취하고 있었다.

그녀는 곧 말하기 시작했다. "죄인의 이름은 강완숙입니다. 사제께서 가련하기 이를 데 없는 저희들에게 와주셨으니 마음속 깊이 감사를 드립니다. 저는 이미 몇 년 전부터 신앙을 갖게 되었고 또한 배워서 아는 대로 행하며 살아오고 있습니다. 정말 영세를 받을 만한 자격은 없지만, 하나님의 자녀가 되고자 하는 열망만큼은 큽니다."

이 모든 말들을 집 주인이 중국어로 통역해주었다. 사제는 고개를 끄덕이고 더 이상 묻지 않았다. 최인길은 그녀에게 가도 좋다는 표시를 했다. 강완숙은 머리를 숙여 인사를 하고 일어나 뒷걸음으로 그 방을 떠났다. 그녀는 옆에 있는 부엌에서 기다렸다. 사람들이 낮은 목소리로 말했다. 교회에서처럼 모두가 축제 분위기였다. 그 후 얼마 안 되어 회장이 들어오더니 사제가 그녀에게 곧 영세를 줄 것이라는 소식을 전했다.

그것은 한 달 후에 이루어졌다. 춥고 바람 잔잔한 밤이었다. 둥근 보름달이 중천에 뜨고, 검은 구름들이 그 곁에서 은빛 둘레들을 치고 있었다. 자정이 지나서 세례식은 회장의 집에서 시작되었다. 강완숙은 몇 명의 남자들과 두 여인들과 함께 대상자로 선정되었다. 강완숙은 콜룸바라는 세례명을 받았다. 그녀가 서

른네 살 되던 해였다.

한주가 지나자마자 강완숙 콜룸바는 다시 이 집에 왔다. 사제가 그녀를 불렀던 것이다. 그는 회장들과 정말 심사숙고한 끝에 희망하고 요청하는 바이지만, 강완숙 콜룸바가 천주 신령을 위한 사업에 전적으로 헌신해 주기를 바라노라고 말문을 열었다. 강완숙 콜룸바는 나직이 떨리는 목소리로 대답했다.

"죄인 강완숙 콜룸바는 신부님의 이 말씀들에 감사를 드립니다. 하지만 힘이 부족하고 자격도 아주 미치지 못함을 느끼고 있습니다. 또한 교리도 완전히 이해하고 있지 못하니 많은 가르침을 주시기만을 요청합니다."

그녀는 말을 일단 멈추었다. 사제는 아무 말도 하지 않았다. 그녀는 다시 말을 이었다. "사제께서 명하시면 순종하겠습니다. 제가 할 수 있는 한, 영생을 위한 영혼구제를 위해 노력하겠습니다."

사제가 대답했다. "좋은 말씀입니다. 감사합니다. 그럼 시어머님과 이야기를 나누어 보시지요!"

아직 아침 동이 채 트기 전, 강완숙 콜룸바는 다시 집에 들어갔다. 잠자리에 누워 있는 시어머니를 깨웠다. 재빨리 외출복을 벗어 놓고, 어머니 곁에 바싹 다가앉아 오늘 있었던 모든 일을 낱낱이 아뢰었다.

"어머님, 말이죠, 잘 했다고 생각하시죠?"라고 그녀는 어머니가 찬동해 주기를 요청했다.

"물론 성부께서 말하시는 대로 행해야만 하지. 너는 그렇게 할 수 있겠지? 신령을 위해서 일한다는 것은 아주 힘든 일이다. 아, 언제 나는 영세를 받을 수 있을까? 나도 곧 받았으면……."

여인은 그렇게 며느리가 한 일에 찬동을 표하고, 칭찬을 하고는 그녀가 이미 영적인 것에 대한 형안을 지니고 있음을 지적했다. 강완숙 콜룸바는 자리에서 일어나, 이불을 펼치고 베개를 바르게 놓고, 잠을 청했다. 그렇게 그녀는 지방의 첫 회장이 되었다.

시어머니의 간절한 소원도 곧 성취되었다. 그 여자와 집안의 모든 사람들이 영세를 받았다.

이제 강완숙 콜룸바는 새로 맡은 일에 아주 흠뻑 빠져 살았다. 지칠 줄 모르게 여러 집들을 방문하고, 영세를 받고자 하는 사람들에게 교리문답과 기도를 가르쳤다. 수많은 여인네들이 글을 읽지 못하기 때문에 그것은 그리 쉬운 일이 아니었다. 그들은 한 문장을 열두 번씩이나 들어서 겨우 머릿속에 꼭 담아두게 되었다. 열정적인 여성 협조자들이 강완숙 콜룸바 곁에 머물며 어떤 특정한 예비신자들을 돌보았고, 수백 명이 다음 해에 영세를 받았다. 보통 회장이 영세를 주었다. 사제들은 일단 행동을 좀 자제해야 했기 때문이다.

강완숙 콜룸바는 교인소녀들을 위하여 수업시간을 정해 놓고, 읽기를 가르치고 여성이 알아야 할 가사에 관련된 것들에

대해 이야기를 해주었다. 또한 그녀를 도와주는 여인들도 있어
서 가난한 사람들을 꽤 많이 돌볼 수 있었다. 훗날의 보고에 따
르면, 강완숙 콜룸바는 특별히 열정을 쏟아 부으며 현명하게 직
무를 수행하였다. 그녀의 불타는 사랑은 사람의 마음들을 사로
잡았다. 그리고 어떤 경우라도, 어려운 상황 속에서도 그녀는
신중함과 용기를 잃지 않았다.

심지어 궁중의 여인네들 중에서도 몇 명에게 강완숙 콜룸바
는 신앙을 전도할 수 있었다. 그녀의 집안이 양반관리 쪽에 속했
고, 그에 따르는 특권을 누릴 수 있었기에 관청의 역원이라든지
아전들에게는 이런 저런 말을 할 필요가 없이 이 여인들과 어렵
지 않게 접근할 수 있었다.

강완숙에게 있어서 무엇보다도 대담한 행위라고 할 수 있는
것은 왕실의 여인 두 분을 가르치는 일이었다. 그리고 더욱이
감동적인 체험은 그들에게 영세를 주는 일이었다. 두 사람은 바
로 왕녀 신씨[3]와 그녀의 며느리 송씨였다. 송씨의 남편도 이러한
음모에 가담하였다. 그러나 이 사건은 곧 발각되었고 여자들은
참수형을 당했다. 두 여인에게는 외딴 대궐 건물에서 유배생활을
하도록 판결이 내려졌다. 몇 명 안 되는 시녀들만이 두 여인의
시중을 들게 했고, 그밖에는 아무도 만나지 못했다. 한 교인 부인
에게만 그녀들을 가까이 하는 것이 허용되었다. 그녀는 왕실의

---

3) 은언군(恩彦君)의 처.

여인들에게 교리문답과 기도를 가르치기 시작했다. 그렇지만 궁중이 종교에 정식으로 반대한다는 뜻을 밝히자 더 이상 드나들 수가 없게 되었다. 벌써 여러 해 전의 일이었다.

그런 얘기를 강완숙 콜룸바도 들었다. 즉시 그녀는 버림받은 여인들을 방문할 결심을 했다. 그들에게 접근하는 일이 결코 쉽지 않았다. 그러나 영리한 여인은 꿩과 막걸리를 선물로 주어 경비원을 매수했다. 그녀는 두 외로운 여인들에게 하늘의 사자로 나타났다. 강완숙 콜룸바가 종교에 관한 이야기를 해주자 그녀들은 말할 수 없는 기쁨을 느꼈다. 그러나 더 중요한 문제가 그 앞에 가로놓여 있었다. 어떻게 하여 계속 그 여인들에게 접근할 수 있겠는가? 강완숙 콜룸바는 곰곰이 생각해 보았다.

마당 담장의 한쪽은 동시에 대궐의 높은 담장과 맞붙어 있었다. 저쪽 건너편에는 저명한 천주교인 김 안토니오의 농토가 있었다. 그녀는 이 담장을 줄곧 바라보고 있었다. 그때 그녀에게 대담한 생각이 떠올랐다. 송씨가 살던 양제궁 담장의 바람에 말린 벽돌에 구멍 하나를 뚫어 그곳으로 사람들이 김 안토니오의 집으로부터 바로 이쪽 마당 쪽으로 통할 수 있게 해야겠다는 것이었다. 그것은 두 여인이 즉시 동의를 해주었기 때문에 쉽게 결정을 보았다. 시녀들도 그걸 알고 있었다. 이 집안의 사람 모두가 살든지 죽든지 서로를 믿고 따르는 처지인데다가, 하나같이 신앙을 받아들이고 행동하려고 했기 때문이었다. 이 비밀통로를 이용하여 이제 강완숙 콜룸바는 왕실의 여인들과 교제를 하면서 가르침을 주었다. 바깥에 있는 사람들 중에서 이걸 아는 사람은 김 안토니오만이었다. 유배지 가택 내에 모든 것이 준비되자 주문모 신부가 밤마다 극비의 상태로 이 문을 통하여 양제궁 안으로 잠입했다. 두 왕실의 여성은 집의 기둥 베란다 밑 어두운 곳에서 그를 기다리고 있었다. 그날 밤에 외딴 양제궁 건물 안에 함께 거주하는 자들은 모두 영세를 받았다. 왕녀 신과 송 두 사람 다 마리아라는 이름을 받았다.

　시국은 평온치 못했다. 천주교도들에 대한 고관들의 증오 섞인 발언들이 계속해서 들렸다. 결국 사람들이 두려워하던 일이 벌어진 것이다! 한 외국인 신부가 이 나라에 머물고 있다는 사실이 알려졌다. 어느 세례 지망자 한 사람이 그것을 누설시킨 것이다.

　강완숙 콜룸바는 동료 김 수잔나의 집에서 그 이야기를 들었다. 그녀는 큰소리로 흐느끼다가 두 손으로 얼굴을 덮고 슬피 울었다. 그러나 재빨리 다시 감정을 가라앉히고 일어나 다른 회장의 집으로 달려갔다. 그와 좀 상의해보려고 한 것이다. 신부는 무조건 집을 떠나가 있어야만 할 처지였다! 어디로든 피신하여 교인이든 아니든 간에 누구의 눈에 띄어서는 안 되었다. 여러 가지 계획들이 떠올랐고, 한참 논의되다가 다시 포기되었다. 결국에 가서는 강완숙 콜룸바가 말했다. "우리 집은 외딴 곳에 있습니다. 관청의 사람들도 들어오지 않습니다. (귀부인의 집이나 방에는 대역죄의 혐의가 있을 때 이외에는 들어갈 수 없다는 법 규정이 있었다.) 마당에는 목재로 지은 창고가 있는데, 좋은 은신처가 될 수 있을 거예요."

회장은 신부와 상의를 했다. 그리고 모두가 의견일치를 보았다. 강완숙 콜롬바는 다시 급히 나가더니 쌓아올린 장작더미 속에 들어갈 수 있는 굴 하나를 만들었다. 막 저녁시간에 들어설 무렵 신부가 거지 옷차림으로 들어와 소리 없이 굴속으로 모습을 감추었다. 집안사람 누구에게도, 어머니에게조차 강완숙 콜롬바는 말 한 마디 하지 않았다. 시간을 다투는 일이니만큼 모든 일이 재빨리 그리고 당장 이루어져야 했기 때문이었다. 그렇게 사제는 장작과 침묵의 장벽을 통해 아주 잘 보호되었다. 낮에 두 번씩, 이른 아침시간과 저녁 늦게 강완숙 콜롬바는 자진해서 은둔하고 있는 사람에게 식사를 전해주었다. 밤마다 그는 바깥에 나갈 수 있었지만, 낮 동안에는 엄격하게 감옥소 같은 그 안에 갇혀있어야만 했다. 그는 이불 하나, 성무일도서, 묵주, 책 몇 권과 필기구들을 지니고 있었다.

강완숙 콜롬바는 커다란 책임이 자기 양 어깨에 있음을 잘 알고 있었다. 이 나라의 단 하나뿐인 사제가 그녀의 보호 아래 있는 것이다! 몇 주가 지나가면 갈수록 그녀의 근심과 동정은 커갔다. 얼마나 오랫동안 사제는 그 좁은 굴에서 견딜 수 있을 것인가? 다시 그녀는 이리저리 생각해 보았다. 그녀는 다른 은신처를 찾아야만 했다. 집안사람들이 동의를 한다면 그를 그저 집안으로 들여놓기만이라도 했으면 좋을 거라는 생각이 들었다. 이 문제를 어떻게 풀까? 밤이고 낮이고 그녀는 이런 근심 걱정에 시달렸다. 영리한 부인은 이제 시어머니 앞에서 자기가 어떤 근심에 시달리고 있는지를 조금씩 보이면서 어떤 낌새를 차리게 했다. 그녀는 슬픈 나머지 울음을 터뜨리기도 했다. 강완숙 콜룸바는 현명한 속셈으로 처음에는 어머니의 질문을 피하는듯하다가, 나중에는 그만 그녀의 등살에 못 이기는 척하면서 다 털어 놓았다.

"어머니, 제 마음을 줄곧 짓누르며 괴롭히는 걸 속 시원히 털어놓았으면 해요. 특별히 염려되는 게 바로 우리 신부님이어요. 그분은 끊임없이 생명의 위협을 받고 있어요. 먼 나라에서 우리에게 오신 분인데, 이 은혜에 보답하기 위해서라도 우린 무슨 일을 좀 해야 하지 않겠어요? 오늘까지도 그분은 제대로 된 지붕조차 갖추지 못한 곳에 계시지요. 우리는 마음 단단히 먹어야 할 것 같아요. 우리 성부의 운명이 나중에라도 우리에게 고통이 되지 않도록 말이에요. 이런 저런 일로 저는 몹시 슬픕니다. 어머님."

어머니는 찬의를 표하고 그녀의 말에 동의했다. 콜룸바는 말을 이었다. "어머님, 저는 어머님께서 신부님에 대한 제 걱정을 이해해 주시는 것 같아 큰 위로를 받습니다. 이 일에 제 목숨이 달려 있다 해도 뒤물러 서지 않겠어요. 어머님, 그를 보호해줘도 괜찮겠지요?" 그녀는 간절하게 물었다. "신부님께서 오늘이라도 당장 오시면 흔쾌히 집안에 받아주실 수 있겠느냐 말이에요?"

강완숙 콜룸바는 침묵을 지켰다. 어머니가 어떤 말을 하실까? 뭔가 이미 낌새를 알아차리고 계신 건 아닐까?

이미 종종 그랬던 것처럼 어머니는 다시금 "애야, 네가 좋다고 생각하는 대로 행하렴."이라고 말했다.

길은 순탄해졌다. 이제 그녀는 자유로이 이야기할 수 있게 되었다. 강완숙 콜룸바는 두 손으로 어머니의 무릎을 붙잡았다. 그녀의 눈은 빛났다. 입을 열어 고백하기 시작했다.

"아시지요? 어머니. 사제는 우리 장작더미 안에 계셔요. 그분은 거기서 더 이상 견디실 수 없어요. 우리는 그분을 집안으로 오게 했으면 좋겠어요. 북쪽 면에 있는 방은 마당과 등지고 있어서 그 방을 드렸으면 해요. 안 그래요? 아무도 그곳으로는 오지 않을 거예요."

"신부님이 이미 와계시다는 말이냐?" 부인은 정말 놀라 물었다. 그러나 그녀는 언제나 무슨 일을 행해야 할지 잘 알고 있는 며느리에게 다시금 신뢰감을 표했다.

그날 사제는 장작감옥에서 나와 집안, 북쪽 면에 있는 방안으로 건너왔다. 세 달 동안 그는 좁은 감옥소 같은 곳에서 견디고 있었다. 막 한창 여름이어서 날은 너무나도 무더웠다. 의붓아들과 하녀들에게도 그 비밀을 털어놓으니 이제 집안 모든 사람들이 다 알게 되었다. 여름과 겨울이 지났다. 계절이 바뀌었다. 3년이란 긴 세월이 지나도록 주문모 신부는 집안에 머물렀고, 강완숙 콜룸바는 그를 보호하고 보살피는 일에 전적인 책임과 염려를 쏟고 있었다. 이 3년 동안에 그녀는 자기가 할 수 있는 일에 최선을 다하였던 것이다.

그러나 사람들은 아주 조심에 조심을 기울였고, 회장들도 사제에게 거의 들르지 않았다. 하지만 이따금 그들은 교시를 받아 와야 했고, 교인들은 신부가 어디에 머물고 있는지 점점 더 많이 듣게 되었다.

그때 줏대 없는 평신도 한 사람이 있었다. 그는 가난하고 그저 되는 대로 살아가는 사람이어서 재산이 많은 같은 고향 출신의 교인도 그의 뒤를 돌보아주려고 하지 않았다. 이 남자는 이렇다 할 욕심도 없는데다가, 게을러서 도무지 일을 하려 들지 않았다. 자신이 가난하니까 오히려 누군가의 도움을 받을 권한이 있노라고 집요하게 말해 올 따름이었다. 그는 주문모 신부가 강완숙 콜룸바의 집에 숨어 있었다는 이야기를 들었다. 바로 이 신부가 분명 자신이 아무런 지원을 받지 못하게 된 책임이 있는 사람이라고 생각한 그는 그에게 어려움을 안겨주겠노라는 말을 했다. 또한 그를 고발하겠노라고 주장하기까지 했다. 교인들은 귀가 밝은 정보망을 지니고 있어서 남자의 은밀한 계획이 강완숙 콜룸바의 집에까지 전해졌다.

즉시 사제와 몇몇 회장들과 강완숙 콜룸바는 회의를 했다. 그 결과 신부가 은신하고 있던 곳을 떠나 거지로 변장하고 북쪽 국경지대까지 걸어서 피신하기로 했다. 그는 고향인 베이징으로[4] 되돌아가려고 했다. 모두가 사제의 행동을 정당하게 여겼다. 그야말로 그는 정말 불가능한 것을 행하여 오지 않았던가. 6년 동안 한 순간도 빠짐없이 고문과 감옥의 위험에 처한 채, 한구석에서 숨어 지내야 했다. 그런 중에도 그동안 거의 만 명으로 신도수가 늘어나도록 교회를 잘 이끌어 왔다.

신부가 집을 떠나자마자 벌써 재판소 사람들이 와서 그 외국인 신부를 수배했다. 고발한 교인은 자기가 한 발짝 늦었다는 사실을 인식했다. 무리가 그들을 찾는 데 실패하자 강완숙 콜룸바와 그의 의붓아들과 두 하녀들이 체포되어 투옥되었다. 거기서 수많은 고문을 당했다. 구타와 관절이 꺾이는 고통을 견디어야만 했다. 그들은 입을 굳게 다물었으며 그 어떤 비밀도 털어놓지 않았다. 마지막에 고문을 당한 하녀 한 사람만이 사제의 연령과 생김새를 누설하고 말았다. 그녀가 털어놓은 내용에 따라 즉시 몽타주가 만들어졌고, 살았든 죽었든 상관없이 거액의 현상금이 걸린 채 성문에 게시되었다. 강완숙 콜룸바와 그의 가족들은 그러나 감방에 계속 갇혀 있었다.

그런데 어느 날 그 외국인이 붙잡혀 대궐 감방에 갇혀 있노라고 형졸들이 말했다. 그들은 여러모로 그를 비웃고 모욕을 주었다.

강완숙 콜룸바는 마음속으로 놀라움을 금치 못했다. 불안과 기도 속에서 다시 여러 날이 지나갔다. 사제가 고문을 당할 때마

---

4) 베이징으로 : 주문모 신부의 고향은 베이징이 아니라 강소성 소주부 곤산현이다.

다 형졸들은 그걸 낱낱이 보고했다. 마침내 그들은 판결과 그의 영광스런 죽음에 대한 이야기를 들었다. 그러자 모두 눈물을 터뜨렸다. 그리고 강완숙 콜룸바는 이렇게 말했다.

"그분은 이제 천주님이신 그리스도 옆, 우리들의 진정한 고향에 계십니다."

그녀는 자기 옷 한 조각을 떼어내어 그 위에다 사제가 어떤 고통을 받았으며, 무슨 열을 하고, 어떻게 살면서 불쌍한 심령들을 돌보아왔는지를 적어두었다. 그녀는 그 옷 조각을 한 부인에게 주었다. 그녀는 그걸 보관했다가, 후에 천주교인들에게 넘겨주도록 되어 있었다. 그러나 그날의 격앙된 분위기 속에서 이 귀중한 조각은 분실되고 말았다.

이제 심문과정에서 두 왕녀들도 대궐 외딴 곳에서 천주교도가 되었다는 사실이 알려지게 되었다. 그러자 그리스도교에 대해 적대적이었던 대왕대비 김씨는 더욱 분노에 사로잡혔고, 즉시 독배를 가진 전령을 그 집으로 보냈다. 하지만 두 사람은 다섯 번째 계명을 생각하고 그것을 마시는 걸 거절했다. 사약은 강제로 먹이어졌고, 그들은 진리의 증인으로 숨을 거두고 말았다.

강완숙 콜룸바는 여전히 목숨을 유지하고 있었다. 그녀와 함께 있던 사람들은 저 세상에 대해 실낱같은 희망조차 간직하기 힘들 정도에 처해 있었다. 하지만 하늘로부터의 권세가 그녀를 지탱케 하여 바로 설 수 있게 해주었다. 강완숙 콜룸바는 특별히 심하게 구타를 당하고 고문도 받았다. 그때 형리들은 이런 이야

기를 주고받았다.

"이 계집은 인간이 아니다. 귀신이구나."

언젠가는 아들이 연약해지려는 듯 보였다. 그러자 강완숙 콜룸바가 그를 불렀다. "얘야, 예수님이 네 머리 위에 계시다. 그분이 너를 바라보고 계시다. 힘을 내라! 하나님을 등지지 말라!"

그 아이는 꿋꿋이 버티고 그리스도를 위한 증거를 보여주었다. 강완숙 콜룸바, 두 하녀들, 그리고 두 명의 다른 여성교인들, 모두가 이제 하느님의 능력 가운데 스스로 선하게 삶을 마칠 소망만을 지니고 있었다.

5월 스무 세 번째 날(1801년 7월 3일) 이른 아침에 두 바퀴 수레 아홉 대가 법정의 뜰 안으로 들어왔다. 그 위에는 십자가들이 높이 걸려 있었다. 거기에 남자 네 명과 여자 다섯 명이 포승에 묶인 채 마지막 행렬이 시작되었다. 잠을 자던 사람들이 문을 열고 지나가는 모습을 보았다.

사람들은 갑자기 깨달음이 왔다. 저기 바깥으로 실려 가는 사람들은 보통 범죄자들과 다른 사람들이었던 것이다. 그걸 알고 누군가가 "교인들이다." 하고 외치자, 곧 큰 목소리로 기도하는 소리가 들려왔다. 그들은 수레가 지나가며 모습이 사라질 때까지 지켜보고 있었다.

서소문 밖 광장 위 깃발 걸린 쪽에 도착하여 여인 중 첫째 사람인 강완숙 콜룸바가 행렬을 인도하는 대감에게 옷을 입은 채 죽는 걸 허용해 주었으면 좋겠다고 요청했다. 그렇게 하도록 되었다.

강완숙 콜룸바는 마지막으로 그녀가 수많은 사람들에게 가르쳐 준 십자가 성호를 긋고, 두 손을 묶인 채 머리를 통나무에 놓았다. 그리고 모두가 한결같이 의연하고 담대하게 그녀 뒤를 따랐다.

세 친구들*

　　만주의 봉천[奉天; 오늘날의 선양(瀋陽)] 동남쪽 드넓은 평야에 자리한 전답에는 이미 추수가 끝났다. 해가 뜨고 지는 가운데 하늘은 제 빛을 발하고 있지만, 더 이상 힘이 없어 보인다. 그 아래에는 폭풍이 여러 차례 거칠게 불어오고, 횅한 황토벌판 위를 휩쓸고 가서, 가는 먼지를 붙잡아 높이 찢어 놓기도 하고, 노란 빛이 감도는 잿빛 구름들을 아주 멀리 옮겨놓고 있었다. 그렇지만 바람과 그 뒤를 쫓는 먼지 구름에도 불구하고 쌀 수확의 호시절이 되었다. 길은 모두 말라있었고 때마침 내린 눈도 나그네의 발걸음에 지장을 주지 않았다.

　　이 시절에는 매년 다니는 조선왕의 사절단이 베이징의 황궁으로 떠나곤 했다. 한양으로부터 북쪽 지방을 통해, 얼어붙은 압록강을 지나고, 끝없는 만주지역을 지나가는 긴 행렬이었다. 바로 먼지구름이 그 대열 쪽으로 회오리치지 않았다면, 사람들

* 이 부분은 역사적 사실과 매우 가깝게 서술되어 있다.

은 병사들과 기수들의 반짝이는 창검들과 울긋불긋한 깃발들을
잘 볼 수 있었을 것이다. 그들 뒤로는 악대, 고수와 나팔수들,
그리고 보병대가 몸집 큰 말과 털이 더부룩한 조랑말들을 타고
왔다. 몇몇은 튼튼해 보이는 활과 화살 통을 어깨에 메고, 다른
사람들은 창검이나 나무방망이를 끌고 갔다. 선물을 실은 수많
은 이륜수레들이 뒤따르고 두 명씩 무장한 남자들이 호위하고
있었다. 가마 위에는 일급 통역관 두 명이 앉아 있었고, 그들을
수반하는 서기관, 서장관(書狀官) 및 예비인원 등이 걸어서 뒤따
랐다. 그들 뒤로는 붉은 천을 둘러친 큰 가마들이 한 무리를 이
루며 바짝 붙어서 가고 있고, 그 안에는 사신과 그의 대리인이
앉아 있었다. 그리고 다시 몸종들과 예비 짐꾼들, 군인들을 포
함하여 줄잡아 3백 명의 장정들과 인마가 천천히, 말없이 머리
를 숙인 채 무거운 발걸음으로 들어오고 있었다.

　1823년의 일이었다. 이미 거의 2백 년 전, 명나라에 만주족
이 승리를 거둔 이래 작은 나라 조선은 종주국의 인정을 받기
위해서 매년 베이징의 황궁에 아주 귀중한 조공을 보내는 의무
를 지게 되었다. 수많은 물건들이 정성스레 마련되었다. 쌀
1,000석이나 그와 동등가치의 보화, 200필의 비단, 세마포 100
필, 거친 아마포 1,000필, 색깔 있는 모시 10,000 필, 1,000파운
드의 고급 및 보통 종이, 그리고 베옷 100벌, 활 200대, 웬만한
남자의 키 정도 되는 크기의 칼 26개, 보통 칼 20개, 금 5파운드
와 그에 10배 되는 은, 100장의 호피와 그에 버금가는 사슴가죽,

수달피 300장과 청서피(靑鼠皮) 200장이 있었다.

물론 모두가 전달된 것은 아니었다. 황제국 관리의 까다로운 점검과정을 거쳐야 하는데, 그런 와중에서 항상 논란이 있었고, 그들이 제기하는 모든 이의와 반대들을 무마시키고 황제와의 직접 알현에 이르게 되는 것이다. 이때에 통역관의 역할이 크게 좌우하게 마련이다. 그에 대한 답례로 조선사절단은 기상에 관한 아주 귀중한 정보와 농업이나 시민생활에 대한 수많은 지침들이 담긴 책력(册曆)을 얻었다. 그와 더불어 값진 도자기, 악기, 예식의상과 책들도 받았다. 30일간 베이징에 체재한 후 이 작은 나라의 사람들은 귀국여행길에 들어서게 되었고, 다시금 그 행로는 약 40일이나 걸렸다.

이미 1823년의 사절단은 조선의 국경을 뒤로 하고 봉천도 통과했다. 그들 왼쪽으로는 확 트인 잿빛 바다가 놓여 있었다. 반짝이는 거품이 마치 왕관같이 솟은 긴 파도가 몰려 왔다. 쏴 하면서 부서지는 파도와 끽끽 울어대는 물새들이 황량한 고독에 생기를 불어 넣어 주었다.

어느 날 오후였다. 바람이 아주 힘없이 불어오고 그냥 사라지는 듯했다. 가까운 곳에 휴식을 취할 만한 큰 마을이 시야에 들어왔다. 마을 입구에서 이 외국인들을 농부들이 맞이했다. 그리고 남자들과 우마차들이 각기 뜰 안으로 나누어 배치되었다. 모든 것이 정적과 오랜 질서 속에 진행되었다. 역관 두 명 중 한 사람은 항상 사절들에게 봉사해야 했고, 다른 한 사람은 절대적인 휴식을 취하게 되어 있었다. 유진길[1]이라고 하는 역관은 오늘 비번이었다. 그는 자기의 지친 말을 끄트머리에 있는 집들 중 한 곳으로 이끌고 가, 이전부터 해오던 대로 거기서 그는 자주 편안한 휴식을 취했다. 대문 앞에서 그는 말을 마부에게 맡기고 두 남자를 기다렸다. 그들은 줄곧 그의 뒤를 따라왔는데 이제야 총총 발걸음으로 들어오고 있었다. 집주인은 손님들을 맞이하면서, 도착하는 한 사람 한 사람에게 두 주먹을 마주대고 높이 올려 흔들며 인사를 하였다.

"멀리 조선에서 오시는군요!" 그가 소리치며 인사를 했다. "정말 먼 길 오시느라고 얼마나 힘드셨습니까. 모두들 안녕하십니까? 자 어서 들어가시지요! 좀 쉬셔야지요!"

유진길 역관은 똑같이 인사를 했고, 그와 함께 온 사람들도 그렇게 했다.

"무사히 저희들은 오늘까지 여행을 했습니다. 집 주인양반과 식구들 모두 안녕하시지요?" 그가 물었다.

"예, 모두 잘 지냅니다."라고 인사에 답했다.

세 남자는 한 방에 배정되었다. 그들을 위하여 비워놓은 것이었다. 그들 중 두 사람은 천주교 교인이었고, 나머지 한 사람은 영세 받을 준비를 하고 있는 사람이었다. 그것이 그들만이 한 집에서 투숙하며 함께 쉬는 시간을 보내도록 되어 있는 이유

[1] 원문에는 '류용심(Ryou Youngsim)'으로 표기되어 있다.

였다.

세 사람 중 첫 번째가 바로 유진길이라는 사람이었는데 옛 관리가문 출신이다. 그의 부친과 조부는 이미 역관을 지냈다. 그 자신은 과거시험을 아주 빛나는 성적으로 통과했다. 시험 후에 그는 과로로 인해 오랫동안 완전 휴식의 기간을 보내야만 했다. 그래서 이 한가로운 시간을 이용하여 서학에 대해서 무언가 알아보고자 하는 마음이 강렬해졌던 것이다. 종종 그는 어린 시절을 되돌아보고, 이 교리의 신봉자들이 믿음을 져버리기보다는 기꺼이 처형되기를 마다하지 않는 모습을 직접 목격했던 일을 회상했다. 그걸 그는 도저히 잊을 수가 없었다.

어느 날 그는 자기 집 한 작은 방에 앉아 있었다. 하인이 들어와 구석에 있던 옷상자를 방 한가운데로 끌어 당겼다. 겉 부분을 새로 덮어싸기 위해서였다. 유진길은 가만히 바라보고 있었다. 그때 그 상자 뒷면에서 한문이 적혀 있는 낡은 종이들이 눈에 들어왔다. 색이 아주 노랗게 바랬고 이곳저곳 찢어져 있었다. 하지만 그는 "생혼(生魂)", "각혼(覺魂)", "영혼(靈魂)"이란 글자들을 또렷이 읽을 수 있었다. 이렇게 합성된 어휘들이 그에게는 별로 익숙한 것이 못되었기 때문에 호기심이 더욱 크게 작용되었다. ―그의 눈에 들어온 것은 "천주실의(天主實義)"라는 책을 베껴 쓴 오래된 낱장들이었다. 책은 일찍이 선교사 마테오 리치(Mattäus Ricci) 신부가 거의 2백 년 쯤 전에 북경에서 쓴 것이지만 젊은 남자는 그걸 모르고 있었다. ―유진길은 친하게 지내는 한 궁중 시종의 아들에게 물었다. 그러자 그는 남에게 드러날까 조심스런 자세를 취하더니 그에게 한 교인을 연결시켜 주었다. 교인과의 첫 대화는 사정이 허락하는 대로 수시로 계속되었다. 그리고 유진길이 사절단의 일원으로 등용된 이후 베이징으로 갔을 때, 틈이 나는 대로 교회로 가서 영세도 받았다. 그의 영세명은 아우구스틴이었다.

이때부터 사절단의 다른 구성원 한 사람과 깊은 우정을 맺게 되었다. 그도 마찬가지로 교인이었고 이름은 정바오로라고 했다. 바오로는 이미 여러 해전부터 역관들을 수행해 왔다. 그의 나이도 30세로 유진길과 거의 비슷했다. 그는 활발한 인생을 보냈다. 1801년 그의 부친과 형은 가택에서 연행되어 며칠 지나지 않아 그리스도교인이라고 단두대에 올려졌다. 정하상 바오로는 당시 일곱 살이었다. 어머니와 아이들은 가까스로 시내를 빠져나와 천주교를 믿지 않는 한 친척의 농가에 은신하여 보호를 받았다. 그들은 스스로의 결단으로 신앙을 받아들였고, 그것을 결연히 거대한 보물로 간직했다. 어머니는 아이들에게 하나의 교과서이자 본보기였다. 그녀는 즐겨 중국인 사제 주문모 야고보와 초기 그리스도인들에 대해 이야기해주었다. 이렇게 아이들의 마음속에는 희생제물을 바치고 죄를 속량해 줄 하느님의 사제에 대한 동경심이 커졌다. 당시에 그들은 나중에 장성하면 그런 사제 한 분을 멀리 베이징에서 이 나라로 모셔올 결심을 했다. 열다섯 살이 되자 그는 한 천주교인 농가에 들어갔다. 그는 가난한 사람들의 일을 도우면서 교리를 좀 더 배워 보고자 생각했기 때문이다. 3년간의 시간이 흘렀다. 그런 다음 그는 다시 열여덟 번째 생일을 집에서 보내게 되었다. 이제 그는 마음속에 품었던 결심에 대해서 어머니에게 털어놓았다. 남편과 의견이나 생활의 모든 면으로 잘 조화를 이루고 있다고 보이는 그 부인은 그러한 계획에 선뜻 동의했다. 이제 젊은이는 우선 중국어를 배우려고 했다. 어머니는 멀리 북쪽, 군대가 주둔하고 있는 무산 부근에서 귀양살이를 하는 그리스도교인 학자에 대해서 알고 있었다. 바오로는 이 남자를 방문하려고 길을 떠났다. 2주가 넘는 고되고 힘든 여행 끝에 그곳에 도달하여 학자가 살고 있는 오두막을 발견했다. 한 해가 지나도록 그의 곁에 머무르면서 한문을 배웠다. 다시 고향으로 돌아왔다. 신뢰할 만한 교인들을 만나 자기가 세운 계획에 대해서 이야기를 나누었다. 그가 사절단에 참가하면 좋을 것이라고 모든 사람들은 생각했다. 그렇게 했다. 그래서 스무 살이 되면서 처음으로 베이징 여행을 했다. 그는 교회를 찾아가서 세례성사를 받았다. 하지만 사제 한 사람을 보내주었으면 하는 요청에는 주교가 선뜻 응하지 않았다. 프랑스 고향땅에서는 몇 년이 지나도록 정세가 평온치 못하여 선교사를 더 이상 파견하기가 힘들었기 때문이다.

정하상 바오로는 해마다 베이징에 갔다. 그때마다 직원이나 보조원으로서 그리스도교인 몇 명을 숙박시키면서 그들에게 교회, 사제, 성례식을 참관하고 세례의식도 받을 기회를 마련해주었다. 그럼에도 불구하고 그의 큰 소원은 그때까지 이루어지지 않은 채 머물러 있었다. 당시만 해도 조선에는 만 명 정도의 천주교인들이 있었는데 말이다.

세 남자들 중 마지막인 조씨 성을 가진 사람²⁾은 다섯 살 때 이미 어머니를 여의고, 아버지에 의하여 한 불교사찰의 주지스님에게 맡겨졌다. 머리털은 잘렸고, 승려의 투박한 옷을 받아 입고 이러한 제자들이 알아야 할 모든 것에 대한 가르침을 받았다. 그러나 그는 열두 살이 되면서 다시 집으로 보내졌다. 그리고 며칠 지나지 않아 한 농가의 작은 몸종으로 들어가야만 했다. 거기에서도 그리 오래 머물지 못했다. 마을 성 밖으로, 들과 산을 넘어 멀리 그의 그리움은 치달았다. 조신철은 한 사절단에 동참할 자리를 찾고 있었는데 마침내 뜻이 이루어졌다. 당시 스무 세 살이었다. 일행에게서 아주 많은 사랑을 받고 있으면서도 그는 항상 임무를 잘 수행할 준비태세를 늦추지 않았고, 항상 좋은 일을 행하여 나날의 피곤함 속에서도 웃음을 잃지 않았다.

정하상 바오로는 오랫동안 깊이 생각해 본 끝에 언제나 웃음을 잃지 않는 그 남자를 곁에 두기로 하고, 그에게 비밀리에 그리스도교 교리에 대해 이야기를 해주었다. 아직 천주교를 믿지 않는 한 사람에게 금지된 교리를 언급하는 것은 하나의 모험이었고, 웬만한 신뢰가 쌓이지 않으면 불가능한 일이었다. 그것을

---

2) 조신철(1795~1839)을 말함. 한국천주교회의 103명의 성인 중 한 사람. 조선말을 모르던 모방 신부의 통역관이 되어 지방 전교 사업에 이바지하였다.

그 남자도 잘 알고 있었다. 그는 아주 진지하게 경청했다. 그러나-후에 이야기한 바로는- 어떻게 돌아가는 일인지는 전혀 파악하지 못했다. 그저 예예 하며 고개를 끄덕일 따름이었다. 일급 역관 계열에 있는 높은 분에게 그가 어찌 달리 할 수 있었을 것인가? 그래서 그는 더 가르쳐달라고 요청했고, 또한 상관이 요구하는 바의 모든 것을 행하리라 마음을 먹었다. 그것이 그에게 있어서 종교적 회심의 발단이 되었고, 그렇게 해서 믿음생활에 접어들었다. 그리하여 이제 그는 베이징에서 영세를 받게 된 것이다.

세 남자는 마을의 한 구석 뜰 안에서 함께 투숙하여 휴식을 취하게 되었고, 장래 일에 대한 많은 이야기들을 나누었다. 고향 그리스도인의 불행한 처지, 천주교에 대한 고관들의 적대성, 그리고 그들에게 도움을 주려면 어떻게 해야 할 것인가에 대한 이야기가 중심을 이루었다.

다시 행렬이 시작되었다. 농부들은 여행 중 무사하기를 기원했다. 북소리가 울려 퍼지고, 나발을 힘껏 불어대고, 한동안 피리와 흡사 오보에와도 같은 악기 연주도 가세됐다. 잠시 후 북과 피리소리가 수그러들더니 다시 남자들이 말없이 갈색 초원지대를 통해서, 먼지벌판에서 방향을 가리키기 위하여 설치된 잿빛 돌기둥들과 시든 나무말뚝을 지나갔다.

며칠 후에 사람들은 장성(長城)을 통과했다. 시골길 쪽으로 눈길이 닿는 데까지 푸르른 산등성이를 넘어 우람한 성벽이 지나가고 있었다. 중국 군인들이 대열을 짓고 영접할 준비를 갖추고 서 있었다. 여기에도 휴식일이 지켜지고 있었다. 군인 두 사람이 말을 타고 소식을 전하려고 앞서 북경으로 향했다. 그리고 행렬도 다시 계속해서 움직였다. 대도시의 변두리에서 행렬은 멈추고는 황제의 전령을 기다렸다. 그 사람이 그의 종자를 데리고 가까이 다가오자 펄럭이는 붉은 예복을 걸쳐 입은 조선 사신들이 그를 맞아들이면서 환영의 인사를 했다. 그런 다음에는 대감의 안내를 받으며 커다란 성문을 통과하자 수많은 군중이 연도에 서서 탄성을 지르며 환영해 주는 가운데 궁성 부근으로 올라갔다. 그 후 며칠이 지나지 않아 관례적인 환영연과 조공물의 전달식이 거행되었다.

첫 휴일을 맞이하여 세 천주교 교우들은 남당으로 갔다. 베이징의 네 교회 중 가장 큰 곳으로 조선인 구역 아주 가까운 곳에 있었다. 거기에는 주교도 상주하고 있었다. 셋 중 가장 선임자 다음 서열인 유진길 역관에게 조선의 선교에 관한 긴 보고서를 전달했다. 조라는 성씨의 세례지망자 조신철은 모든 질문에 대답을 아주 잘 할 수도 있었지만, 교리문답서 전체를 아예 머릿속에 다 암기하고 있는 사람이었다. 영세를 받고 카롤로라는 세례명을 갖게 되었다. 하지만 고향에 사제 한 분을 모셨으면 하는 조선 사람들의 주된 소원은 이번에도 이루어질 수 없었다.

서글픈 마음으로 세 사람은 숙소로 되돌아왔다. 긴 밤시간 동안의 대화는 종교의 황제 대리인인 로마 교황에게 탄원서를 내기로 결정하고 끝을 맺었다. 이튿날 그들은 계획서를 주교에게 제출했다. 교황청 고위자가 그것을 승인하고 그 편지를 이튿날 출발하는 파발꾼과 더불어 해로로 마카오를 지나 로마로 보내겠노라 약속을 했다. 청원서는 한문으로 작성되었다. 그래서 세 사람은 다시 모여 앉아서 문을 닫고 서신을 완성했다. 유진길 아우구스틴 역관은 붓으로 글을 써내려갔다.

그는 인사의 말머리를 꺼낸 다음 이런 내용을 쓰기 시작했다. 1800년 전에 예수 그리스도가 이 세상을 구원하셨는데, 소식을 이곳으로부터 세상 아주 먼 곳까지 전해 줄 성자들과 학자들이 항상 있었는데, 그들의 나라에도 이러한 말들이 들려 왔던 것이다. 이런 은총에 대해서 그들은 끊임없이 하느님의 무제한적인 긍휼에 감사를 드려야 했다. 그러나 그럼에도 불구하고 이제 빛의 자녀이기도 할 그들이 억압의 무거운 짐 아래에서 탄식하게 될 것이다. 자진해서 희생을 한 중국인 사제 주문모 야고보가 하늘의 부르심을 받은 후에-그의 희망과는 반대로-박해는 더욱 격렬하게 불타올랐다. "오늘날도 진실은 자체의 힘을 펼칠 수 없다. 병과 노화는 무덤으로 내려가서, 우리는 기쁨도 없이 우리의 슬픔 속에 있다. 점점 더 슬픔과 의기소침은 우리 가슴을 억누른다." 그는 베이징에 있는 주교와 사제들과 교제하는 데 있어서의 어려움을 이야기했고, 교황이 종교의 자유와 영향에 대해서 정부와 담판을 해 줄 사제들을 태운 배를 조선의 반도 해안에 보내주기를 간절하게 기원했다.

주교는 문서를 읽고 동의를 표하였다. 파발꾼은 그것을 받아 들고 곧 마카오와 바다 건너 멀리 로마를 향하여 출발했다. 2년 후 편지는 목적지에 도착했다. 이미 일찍부터, 그러니까 10년 또는 15년 전에 조선인들의 편지가 로마로 보내졌지만 아무런 반응도 없었다. 교황 피오 7세는 자유로이 결정을 내릴 수 없었 다. 그는 나폴레옹의 명령 아래 있었기 때문이다. 이 편지는 그 러나 성부 교황 레오 12세가 파리외방선교회로 하여금 조선 반 도를 독자적인 선교구로 넘겨받고 될 수 있는 한 빨리 주교와 사제를 그곳으로 파송하기를 요청하는 결과를 낳았다. 그것은 1832년이었다. 청원서가 작성된 그날 밤 이후 여러 해가 지났 다. 세 사람은 고향의 교우들과 베이징의 교회 사이의 관계를 바르게 유지하려는 그들의 계획에 결연한 자세로 동의를 표하였 다. 매년 그들은 사절단에 동행하여 사신들을 여러모로 보살폈 고, 교리문답서와 다른 천주교 서적들, 묵주와 그림들을 고향으 로 가져갔다. 이러한 물건들을 실어 나르는 것은 정직하고 착실 한 조신철 카롤로의 책임이었다. 그는 이것들을 매번 운 좋게 그의 동료와 함께 국경으로 가져갔고, 한 번도 다른 사람의 눈에 발각되지 않았다. 언젠가는 그 자신이 가까스로 체포를 모면한 적도 있었다. 어떤 일이었느냐 하면, 그가 한양에 사절단보다 하루 늦게 도착했을 때, 자기 짐이 텅 비어 있는 것을 발견했다. 그것은 그에게 있어서 다행스러운 일이었다. 집주인과 그의 부 인은 두 사람 다 그리스도교인이었는데, 그가 도착하기 몇 시간

되지 않아서 병졸들에 의해서 연행되었고 심한 고문을 받은 후도 한사코 신앙을 배반하지 않음으로써 처형되고 말았다.

그 밖에는 이들 그리스도교인들에게는 최소한 수도 지역에서는, 그 몇 년 동안 내내 평온이 유지되었다. 순조 임금(1801~1835)은 1801년 최초의 박해명령을 내린 대왕대비 김씨와는 달리 천주교인들에게 좋은 생각을 지니고 있었다. - 영의정인 김정희[3]도 마찬가지였다.

임금이 일찍 승하 하신 지 얼마 되지 않은 때라서 전 국민이 아직 슬픔을 거두지 못하고 있었을 때, 세 명의 프랑스 선교사들이 조선 국경을 넘었다. 여러 달 걸리는 여행기간 동안 말할 수 없는 고통을 겪으며 온 것이다. 함께 다니기라도 했으면 위로가 되었을 텐데 그러지도 못했다. 각자는 중국인 교인들과 함께 길을 가야 했다. 그렇게 조심해야만 했다.

1803년 프랑스 바씨에서 태어난 모방(Maubant) 신부는 조선 국경을 넘어 들어온 최초의 유럽선교사였다. 그것이 1835년 12월. 두 달 전에 그는 파발꾼을 통하여 새로 서품을 받은 바톨로메 브뤼기에르(Bartholomäus Bruguière) 주교의 죽음을 전해 들었다. 이 사람은 예상치 않은 아주 힘든 일들에 몹시 지쳐 있었고,

---

3) 원문에는 김환산으로 되어있다.

목표지에 가까이 다가가기도 전에 수많은 나날들을 보내다가 한 작은 내몽고 그리스도교 마을에서 죽었다.

모방 신부와 그의 수행자들은 군인으로 가장하고 여행했다. 그들은 압록강에서 멀리 떨어져 있지 않는 국경 변문 역 부근 숲 속, 이미 베이징에서 약속한 그 장소에 도착했다. 그곳에서 그들은 조선 그리스도교 신자 일곱 사람을 만났는데, 그들은 혹독한 겨울 추위에도 불구하고 밤낮으로 옥외에서 기다리고 있었다. 이러한 그리스도교인들의 기쁨과 행복은 말로 표현할 수 없이 컸고, 그 중에는 유진길 아우구스틴과 조신철 카롤로가 있었다.

중국의 천주교인들은 되돌아가고, 조선 사람들이 그 길 안내를 떠맡게 되었다. 중국의 국경지점을 돌아가는 일은 그리 어렵지 않았다. 더 어려운 일은 국경도시 의주로 가는 것이었다. 조신철 카롤로는 온 힘을 다하여 언제나 그리스도의 사신 옆을 떠나지 않으려고 했다. 그는 우선 군복가장을 벗어던지고 조선의 상복을 걸쳤다. 넓게 털을 댄 바지와 저고리, 그리고 회색 마로 만든 거친 외투를 입었다. 마치 종처럼 길게 볏짚으로 만든 모자로 얼굴을 가렸다. 거기에다 손에는 부채꼴 모양으로 나무지팡이에 펼쳐진 마 한 조각을 얼굴 아래쪽에 붙여서 지나가는 사람들이 그 얼굴을 도저히 알아볼 수 없도록 했다. 그들은 의주 부근에 있었다. 조선 사람 한 무리가 길을 가고 있었다. 즉시 선교사는 땅에 엎드리더니 통곡하기 시작했다. 조신철 카롤로가 그에게 그렇게 하도록 지시했던 것이다. 길가에서 신음하는 환자들을 유심히 눈여겨 볼 사람은 없을 것이라 생각했기 때문이다. 더구나 그가 여러 사람들 곁에 함께 있으면 말이다.

어둠이 깃들기 전에는 강에 도달해야 했다. 다시 일행은 길을 떠나 강변 헐벗은 숲 사이에 섰다. 강폭은 200미터는 족히 되어 보였다. 강 저편으로는 성벽의 검은 실루엣이 나타났다. 강 건너 바위 언덕이 봉우리를 이루고 있었다. 조신철 카롤로는 모든 것을 차근차근 순서대로 준비했다. 이제 그들은—여덟 사람이 되었다—얼음 위를 걸어서 가파른 비탈길을 올라서 기형적으로 자라난 어느 구부정한 소나무 위로 기어올랐다. 성벽을 따라 구멍 하나를 발견할 때까지 차가운 바위조각들을 더듬어 나갔다. 마침 거기에는 배수구 하나가 있었는데 성벽과 맞닿아 있었다. 이것이 복음전파를 위한 길이었다.

조신철 카롤로는 제일 먼저 내려가 어둠 속에 모습을 감췄다. 그 뒤를 이어 모방 신부가, 그 다음으로 유진길 아우구스틴과 나머지 사람들이 따라나섰다. 모두가 성벽을 통과할 무렵, 그들은 참호 속에 잠시 머물렀다. 그리고 아주 조심조심하며 한 남자의 눈을 피했다. 그는 아마도 우연히 등 하나를 들고 도랑을 따라 내려가고 있었다. 곧이어 그들은 다시금 오랫동안 꼼짝하지 않고 얼어붙은 오물통 위에 누워있어야만 했다. 바로 가까운 곳에서 개가 짖어대더니 도무지 멈추려 하지 않았다. 그러나 카롤로와 그 뒤를 따르는 모든 사람들은 한순간도 한눈을 팔지 않았다.

그들은 인내심을 가지고 기다렸다. 개 짖는 소리가 잠잠해지자 계속해서 살금살금 한 줄로 기어나갔다. 그렇게 하여 야음을 타 약속된 집의 문 앞에 도달했다. 여기에서 얼마 전부터 몇 명의 천주교인들이 일정한 기간 방을 빌려서 불안이 들끓는 속에서 손님들을 기다리고 있었다. 불이 전혀 켜 있지 않았다. 도둑처럼 그들은 기어 들어갔다. 열린 문을 지나 뜰 안으로 가서, 안도의 한숨을 돌리고 하늘에 계신 하느님께 감사를 드렸다.

여기에서 선교사는 난생 처음으로 쌀밥과 깍두기와 소금으로 이루어진 한국음식을 들었다. 몇 시간이 지나지 않아 역시 난생 처음으로 아주 따끈따끈한 한국식 온돌에서 쉬었다. 그러나 그렇게 국경 가까이에서 오래토록 머무는 일은 위험천만한 것이었다. 아직 동이 트기 전에 그들은 다시 도시를 떠났다. 그들은 두 그룹으로 나누어 행진했다. 곧 조신철 카롤로는 말을 구입하여 선교사가 그걸 타고 여행할 수 있게 했다. 약 두 주 가량은 더 여행을 해야만 했다. 수도에서 그리 멀리 떨어져 있지 않은 데에서 그들은 말을 타고 있는 사절 네 명을 만났다. 정하상 바오로는 한양에 머물고 있었고, 거기서 만반의 준비태세를 갖추었다. 그는 말을 탄 천주교인들로 하여금 다가오고 있는 사람들을 맞이하도록 보냈다. 그리고는 그들이 얼마나 더 가야할지 자세히 의논하고 그 방법도 결정하였다. 말을 탄 그리스도교인 한 사람이 앞에 가고, 그 다음에는 선교사가, 그 뒤로는 두 사람이 걸어서 따라가게 되었다. 간격을 멀리 띄워 다른 그룹이

왔다. 그리고 더 계속해서 마지막 사람들이 돌아왔다. 정하상 바오로는 2년 전 베이징 주교가 준 돈으로 한양에 집 한 채를 샀고, 여기서 그는 몇 명 안 되는 교인들과 더불어 사제를 기다리고 있었다.

무사히 방랑자는 간절히 바라던 목적지인 조선의 수도에 도달했다. 시내로 들어가는 문 앞에서 모방 신부는 말에서 내렸다. 조신철 카롤로의 영도 하에, 유진길 아우구스틴이 그 뒤를 따르는 가운데, 문을 지나 거리를 거니는 동안 수많은 사람들을 만났고, 별다른 일 없이 그들은 집안으로 들어섰다.

모방 신부 이외에도 천주교도들은 중국인 사제 유방제 파치피코 신부를 나라에 불러들였다. 그는 나폴리에 유학도 하였으며, 로마의 교황청에 의해 그의 조국 중국의 이웃인 조선에 파송되었다. 또한 모방 신부보다 세 달 지나서 국경을 넘어선 샤스탕(Chastan) 신부, 브뤼기에르 주교의 후계자로서 조선의 감목대리로 지명된 라우렌티우스오 앵베르(Laurentius Imbert) 주교가 다행스럽게도 이 나라에 들어오게 되었다. 이 세 명의 친구들은 매번 아주 현명하게 모든 안전대책을 강구했다.

유방제 파치피코 신부는 곧 다시 중국으로 돌아갔지만, 주교와 두 명의 선교사들은 그리스도교인 양 무리 속에 머물면서, 자신들의 목숨을 양들을 위해 희생한 선한 목자였다. 그리고 그들과 세 친구가 함께 했다.

병약한 순조 임금은 1827년 그의 18세 세자 익종을 대리청정을 하도록 들여 놓았다. 젊은 군주는 백성의 모든 공감을 얻었고 능력 있는 통치자가 될 것을 서약했다. 하지만 왕비에게서 태자를 낳은 지 3년이 지난 1835년 순조도 승하하고, 이제는 네 살 먹은 태자가 후계자로 선언되었다. 왕조의 통치규정에 따라 이제 대왕대비가 대표통치권자가 되었다. 그녀는 제국의 정1품 대신으로서 나이가 지긋하면서도 천주교도에게 적대적인 좌의정 김호산4)과 함께 도탄에 빠진 백성을 다스리고 탐욕스런 관리들의 사악한 비리에 맞서 싸우는데 진정으로 힘썼다. 생선과 소금세가 여러 달 동안 내내 모든 빈민에게는 면제되었고, 관리들에게는 공금오용에 대한 강력한 문책이 뒤따랐다. 1838년 좌의정은 그 자리에서 물러난 후 곧이어 세상을 떠났다. 그리고 불가사의한 일이 벌어졌다. 그리스도교에 적대적인 환경 한가운데에서 그는 대세(代洗)를 받았다. 친구로서 그와 가까이 지내오던 유진길 아우구스틴이 그에게 영세를 주었다.5)

새로운 대신인 이지연은 대놓고 천주교도들을 미워하는 사람이었다. 이제부터 속속 박해가 시작되었다. 정하상 바오로는 자기 집의 족보와 위패 따위를 치워버렸다. 이 사실이 가문의 어른들에게 알려지자 큰 불만과 분노를 사게 되었다. 그들은 관청에 그를 고소했다. 이미 오래전부터 관가에는 천주교도로 알려진 유진길 아우구스틴은 이제 그의 명망 때문에 마지막 순간

---

4) 김호산은 김정희를 지칭한다.
5) 김호산(정희)이 그리스도교 세례를 받았다는 서술은 사실과 다르다.

까지 별 탈 없이 지내오던 터였다. 국내에 세 사람의 외국인이 있다는 사실이 이제 막 궁중에 알려지자, 관리들은 너무나도 놀라서 어쩔 줄을 몰랐다. 즉시 세 정승들은 회의를 소집했다. 좌의정은 천주교도들을 규제하는 새로운 법을 제정했다. 대왕대비는 그런 요구를 승인하고 잡초는 뿌리째 제거되어야 한다고 공공연히 밝혔다. 그와 더불어 1801년의 박해가 너무 표면적으로만 이루어져 실효를 거두지 못했기 때문이라고 주장했다.

포고문이 국가관청 담장에 붙여졌다. 최고성직자와 두 명의 선교사가 시골에 머물던 당시에 정하상 바오로는 그가 늘 하던 대로 혼자 주교의 집에 있었다. 정하상 바오로는 즉시 '상재상서'(上宰相書)라는 변호문을 썼다. 바로 현안의 문제로 대두되고 있는 그것을 체포 시에 제출할 생각이었다.

그럴 즈음에 배신자가 활동을 하고 있었다. 김여상이란 사람인데 타락한 그리스도인이었다. 배교과정에서 그는 충실한 일꾼이자 회장인 정하상 바오로의 이름을 이용했다. 그는 정하상 바오로의 중요한 편지들을 주교에게 전달할 것이라고 한 신입교우에게 거짓말을 했다. 신입교우는 그 꾀에 넘어가 주교가 어디에 있는지 아는 천주교인 한 사람의 이름을 누설했다. 이 교인도 속아 넘어가 마침내 배교자는 주교 앞에 나타나게 되었다. 병졸들은 즉시 체포하여 국가범죄자에 쓰는 붉은 오랏줄로 묶었다. 주교의 주보성인의 생일인 8월 10일 밤이었다.

선교사 두 사람은 추적자에게 자수하라는 고위성직자의 요

구를 받아들였다. 그들은 서로 만나 함께 병졸들에게 갔다. 그
들도 역시 곧 체포되어 한양으로 압송되었다.

조신철 카롤로는 1838년의 사절단에 있었다. 도중에 그는 꿈
을 꾸었다. 그는 타보르 산상의 화려함 속에서 예수님을 보았
다. 그는 "금년에 너는 순교의 은총을 나누게 될 것이다."라는
주님의 음성을 들었다. 그밖에도 두 번이나 더 그는 꿈속에서
똑같은 얼굴을 보았다. 그런 다음 그는 한양에 도착하여, 몇 주
후에는 자신의 두 눈으로 성벽에 붙은 박해포고령을 읽을 수 있
었다. 병졸들이 그의 집에 들어왔을 때, 그는 막 자리를 떴다.
그들은 부인과 자녀들을 끌고 나갔다. 조신철 카롤로는 되돌아
와서 무슨 일이 있었는지를 들었다. 같은 시간에 그는 재판장으
로 향하여 자신이 방금 체포된 자의 아버지와 남편이라고 말하
고서, 즉시 수감되었다.

유진길 아우구스틴이 체포되자 이웃사람 모두가 함께 달려
갔다. 친척 중 웃어른 몇몇은 이러한 치욕을 눈뜨고 볼 수 없노
라고 하며 그에게 신앙을 버릴 것을 강하게 요구했다. 그러나
유진길 아우구스틴은 요지부동이었다.

정하상 바오로는 선교사의 집에서 체포되었다. 거기서 병졸
들은 돈과 교회물품들을 발견했다.

세 친구들은 특별히 심한 고문들을 겪어야만 했다. 하지만
그들은 괴수들이었고 이 나라에 외국인들이 들어와 있게 된 것
에 대한 책임을 지었다. 정승들이 있는 자리에서 그들은 선교사

들과 대질되었고, 느긋하게 그들이 신앙과 천주교인들을 위해서 무엇을 행하였는지를 고백하였다.

9월 스무하룻날 선교사 세 사람은 한강 모래사장에서 목이 잘렸다.

모방 신부는 장래를 염려하여 이미 신앙고백을 한 똑똑하고 용맹스런 남자아이 셋을 유방제 파치피코 신부와 더불어 베이징과 더 멀리 마카오 섬의 대신학교(大神學校)로 보냈다. 그들 중 두 사람은 선부가 되어 조선으로 돌아왔고 그들 중 순교한 사람은 안드레아 김대건이었다.

선교사들이 처형된 날 유진길 아우구스틴과 정하상 바오로도 죽었다. 몇 주 후에 조신철 카롤로도 처형되었다. 이렇게 이 세 친구들은 나름대로 특별한 인생의 소명을 수행했다. 유진길 아우구스틴은 마흔아홉 번째 생일을 맞이했고, 다른 두 사람은 나이가 마흔 다섯이었다. 세 명 모두가 교회의 죽은 사람들 속에 있었다. 그리고 유진길 아우구스틴의 아들, 열세 살의 유대철 베드로, 스물두 살의 최 바르바라, 더욱이 정하상 바오로의 어머니로서 일흔아홉 살의 류 체칠리아, 그들 모두가 복자(福者)로 순교의 종려나무(역주: 승리의 영광을 뜻함)를 간직하게 되었다.

마을의 화재

    양반인 문학선이 몇 년 전에 관리 자리를 그만두고 남부지방 전라도에 있는 그의 농토로 돌아갔다.

    3월 어느 바람 부는 오후에 문씨는 그의 집안 어느 열려진 작은 장 옆에 앉아 있었다. 장은 놋쇠를 입혀 견고하게 붙여진 통이었는데, 그 안에는 관리직에 있는 동안 정부로부터 받은 포고령들이 들어 있었다. 그 문건들을 하나씩 꺼내서 정리하노라니 그의 머릿속에는 옛 추억들이 스쳐지나갔다. 그때 그의 눈길은 "사교"(저주받아 마땅한 교리)라는 단어에 닿았다. 그는 천주교리 추종자들을 규제하는 포고령을 손에 쥐었다. 문씨는 당시 자기 구역에서는 이런 사람들이 하나도 없었기 때문에 이 일에 대해서 전혀 생각할 필요가 없었다. 그가 기쁘게 여기고 있었던 것도 그것이 아주 어려운 사안이었다는 점 때문이었다. 만일 그것이 당시에 정부의 의지대로 진행되었다면 이미 오래 전부터 이 나라에는 그리스도교인이 한 사람도 있을 수 없을 것이고, 또 그럴 만큼 금지령은 엄했다. 그러나 그런 사람들은 엄연히 존재하고 있다. 그들은 절멸되지 않을 것 같았다. 심지어 그가 살고 있는 가까운 곳, 마을에서 그리 많이 떨어지지 않는 산마루에 천주교인 집 세 채가 있었다. 관리였던 그가 그걸 전부터 들어서 알고 있었지만, 그 사람들을 고발할 생각은 하지 못했다.

그렇지만 천주교인들은 줄곧 그의 관심 대상이었다. 그는 그들이 활동하는 모습을 수시로 관찰하였고, 주민들과 교류하는 것도 주의해 보았으며, 스스로 그들과 대화를 해보려고도 했다. 하지만 조심하는 태도가 아니더라도 이렇다 할 특별한 일은 발견되지 않았다. 그들이 초봄과 가을에 있는 큰 제사에 참여하지 않았다는 건 널리 알려진 사실이고, 그 때문에 그들은 별난 존재로 여겨졌다.

그러나 한 가지가 이미 오래 전부터 문씨로 하여금 여러모로 생각을 하게 만든 것이 있었다. 박해를 받고 건강과 재산을 손실하게 되는 데도 불구하고―정말이지, 그리스도교인들은 칼과 몽둥이 앞에서도 죽음을 거의 두려워하지 않았다―그들이 보복을 해도 될 법한 상황에서도 그들은 결코 당국에 맞서서 도리에 어긋나는 일을 저지르지 않았다. 그런 일은 아마 다른 경우에는 벌어질 수 있었을지 모르겠지만, 그리스도인에게는 전혀 해당이 없었다.

후에 문씨가 한 동료로부터 이야기를 들은 바로는, 이 그리스도교인들 중 한 사람이 자기 종교가 아주 좋고 진실한 것이어서 왕과 대신이 교리를 알려고 한다면 언제든지 기쁜 마음으로 그

교리에 접근해 보아도 좋을 거라고 권하기도 했다는 것이다. 그리고는 그 남자는 조금도 두려워하는 기색 없이 자기 목을 칼 앞에 내놓더라는 것이었다. 그것이 양반에게 아주 깊은 인상을 남겼다.

그렇게 문씨는 서류상자 옆에 앉아서 다시 한 번 천주교인들에 대해서 깊이 생각했다. 집안은 조용했고, 바람만이 문가에 스칠 뿐, 문틀을 채운 격자무늬 위에 붙여진 창호지가 써걱대는 소리만이 나직이 들려왔다. 그때 자기 이름을 부르는 소리가 들렸다. 문 쪽으로 그림자가 비쳤다.

양반 문씨는 "예"라고 대답을 하고 일어나 문을 열었다. 마을의 소작인 한 사람이 그 앞에 모습을 나타내더니, "나리, 숲가의 집 세 채에 불이 났어요!"라고 전하는 것이었다.

문씨는 놀라지 않을 수 없었다. 모두 그리스도교인들의 집이었다! 그는 마당을 건너가 낮은 담장 너머를 내다보았다. 검은 구름이 빽빽이 산등성이를 따라 빠르게 소용돌이치고 있었다. 집들이 있던 그곳 위로 붉은 불꽃왕관이 솟아오르고 있었다. 농부들은 막대기, 물동이, 밧줄을 들고 들판 위로 줄달음치고 있었다. 사고 난 자리에서는 사람들이 이불과 그릇, 온갖 가재도구를 불타는 집안에서 꺼내오느라고 얘를 쓰고 있었다.

문씨는 문지기에게 "말을 가져 와!" 하고 소리쳤다.

그는 성급히 말에 안장을 얹었다. 곧 말에 올라타고 급히 달려 나갔다.

불타는 현장에 도착하여, 말을 나무 한 곳에 매달아 놓고 좀 더 가까이 가 보았다. 남자들은 불을 끄려고 막대기를 가지고 초가지붕 위를 때리고 있었고, 여자들은 물동이에 물을 가득 채워 가지고 와서 집안과 지붕 위에 퍼부었다. 그러나 지붕은 부분적으로 이미 상당히 화마에 휩싸여있었고, 집안으로는 더 이상 아무도 들어갈 수 없었다. 불길은 마치 맹수의 발톱처럼 사방으로 번져나갔다. 사람들이 문을 뜯어내려고 했을 때, 용마루가 가라앉더니 모든 것이 주저앉았다. 그리고 불꽃들이 멀리 둥그렇게 튕겨났다. 연기구름 위로 높이 말똥가리 새들이 가만히 원을 그리며 날아가고 있었다.

막 농부 한 사람이 와서 그에게 와서 인사를 했다. "나리가 오셨군요! 안녕하시온지요!"

"당신도 큰 피해를 보았구려!" 양반이 그에게 소리쳤다.

"할 수 없지요, 나리!" 농부는 조용히 대답했다.

"식량은 어떻게 되었소?"

"첫째와 둘째 집의 것은 다 없어진 게 틀림없습죠. ─죄송합니다. 나리." 농부는 그렇게 말하고서 다시 달려가서 일을 거들었다.

문씨는 그 사람들을 돕기로 결심했다. 그들은 천주교인들이다. 그는 동시에 그걸 기억 속에 되살리고 즉시 다시 하나의 특성을 확인할 수 있었다. 그의 곁에 있던 농부도, 그 밖의 아무 누구도 신령님에 대해 욕을 하지 않았고, 아무도 지존이신 하느님에

대하여 저주하는 말을 내뱉지도 않았다. 이런 불행을 겪을 때에
는 보통 그런 경우가 많았을 텐데 말이다. 아무도 땅바닥에 엎드
리거나 주먹으로 땅을 치지도, 한탄하거나 울부짖거나 고통을
터뜨리지 않았다. 천주교인들이 신령들에게 분노를 터뜨리지 않
는다면 이런 불행을 막아주지 못한 그들의 신에 대해서는 그러지
못하는 이유는 무얼까? 아이들이 소리를 질러댔다. 그러나 어른
들은 남자들이나 여자들 할 것 없이 모두가 자제하고 있었고,
그저 일이 어떻게 되어가고 있는지에 대해서만 서로 소리쳐 알려
주고 있었다. 이런 모습이 문씨의 마음을 사로잡았다.

다시 그는 방금 인사를 하러 왔던 농부를 자기에게 오라고
손짓했다. 그는 그에게 각 가정에 하나씩 쌀 세 가마를 주겠노라
고 약속하고, "내일 와서 그걸 가져가도록 하시오."라고 말했다.
농부는 감사를 표하고, 즉시 두 가정의 가장을 불러 설명하니,
모두가 또한 감사를 표했다. 부인들도 달려와 황급히 고마움을
표했다.

"오늘 밤은 잠은 어디서 잘 것이오?" 양반이 물었다.

아무에게도 대책이 없었다. 양반은 그들의 걱정도 덜어 주었
다. "나의 마름과 얘기를 나눠보겠소. 차후로는 그의 집에서 묵
을 수 있으리라고 생각하오. 오후에는 농부 강씨가 사는 마을로
가시오. 내가 그에게 말해 두겠소."

불은 순식간에 모든 것을 파괴시키고 말았다. 볏짚과 나무는
대부분 타버리고, 곳곳에 잔재들이 연기를 뿜어내고 있었다. 토

벽은 곳곳이 부서져버렸다. 집 세 채는 홀랑 타버렸다. 양반은 깊은 생각에 잠긴 채 말을 타고 마을로 되돌아왔다. 천주교인들이 이렇게 태연해하는 모습이 그저 쉽게 이해되지 않았다. 그는 그 이면을 살펴보고자 했다. 그게 그에겐 흥미로웠다. 그는 도중에 강이라는 사람의 집에서 내렸다. 그리고 세 가족을 숙박시키는 일에 대해서 이야기를 나눴다. 강이 한 집을 맡았다. 다른 두 집을 위해서도 그는 거처를 마련해 주기로 약속했다. 밤이 되자 세 가족은 결국 숙소를 마련하게 되어 따뜻한 온돌방에서 잠을 잘 수 있었다.

농부 박씨가 이튿날 아침 문씨의 집으로 가서 문 옆 기둥에 황소를 묶어두자, 문지기가 주인님이 화재에 대해서 좀 더 알고자 하여 그와 이야기를 나누고자 한다고 그에게 알려주었다. 그러자 농부는 짚신 띠를 풀어 벗고서 방안으로 들어갔다. 양반의 집에는 처음이었다. 그는 무릎을 꿇고 일상적인 인사를 한 후 수줍은 듯 자리에 앉았다.

문씨는 다정하게 농부 쪽으로 몸을 돌리고 물었다. "자 이야기 해보게. 도대체 어제 화재는 어떻게 해서 일어난 것인가?"

농부 박씨는 이렇게 보고했다. "나리, 불은 아궁이에서 번지기 시작했습니다. 부인이 그대로 놔두고 물을 길러 나갔지요. 불은 볏단 하나에 타 붙어버린 것 같아요. 갑자기 마른 불쏘시개 풀이 가까이서 환히 타올랐으니까 말이에요. 저는 그것이 곧 마당에서 없어진 걸 보았어요. 연기가 열린 문을 통해 뿜어 나왔어요. 저는 그곳으로 달려가 보았지요. 온통 연기 속에 파묻혀 있었어요. 단숨에 남자들 방으로 갔어요. 장롱들과 이불들, 그리고 손에 잡히는 대로 모두 밖으로 끌어냈지요. 연기로 눈이 몹시 쓰렸어요. 불길은 이미 추녀 밑 볏짚으로 타들어 갔고, 곧 온통 불과 연기뿐이었습니다. 아무도 더 이상 집안으로 들어갈 수 없었습니다. 마침 바람까지 불어 불길이 더 커졌고, 이웃집 지붕 위까지 번진 것입니다. 그리하여 불꽃은 세 번째 집마저 태우고 말았습니다. 옷가지들과 이부자리 같은 것들은 최소한 건질 수 있었습니다. 양식은 거의 꺼내올 수 없었지요. 대부분 상하고 말았어요. 천만번 우리를 도와주신 천주님께 감사를 드립니다!"

그 남자는 이렇게 말하고서, 이번에도 신령님이나 하느님에 대해서 그 어떤 분노나 불평의 말을 전혀 입에 담지 않았다.

양반에게는 이 천주교인들이 정말이지, 특이한 사람들이라는 생각이 들었다. 사건의 원인을 반드시 따져보고 싶었다. 그래서 그는 유심히 조사할 생각으로 질문을 계속했다.

"정말이지 꼭 알고 싶은 게 있소. 당신들은 천주교인들이 아니오? 어째서 당신들을 이런 불행 속으로 떨어뜨린 천주님에 대해서 불평이나 미움을 갖고 있지 않는 거요?"

그러자 농부는 머리를 숙이더니 약간 미소를 지어보였다. 이제 그는 양반을 압도하는 듯한 느낌을 가졌다. 양반은 두말할 나위 없이 자애로운 사람이었고, 또한 이제는 더 이상 관리도 아니라서 농부 박씨는 계속해서 아주 마음 문을 활짝 열고 이야기를 했다.

"네. 주인님. 저희는 천주교도들입니다. 우리 세 가정은 숲가에 살고 있지요. 창조자이시자 만물의 주님께서는 또한 우리 인생과 우리 운명의 지배자이십니다. 생명과 건강이나 힘 그 어느 것 하나도 우리 스스로 어떻게 하지 못합니다. 그분은 전지하신 분이고, 우리의 존재는 그분 앞에 활짝 열려 있습니다. 그분은 전능하시며 모든 것을 온전하게 다스리고 인도하십니다. 성교 (聖敎)[1]에서는 죄를 사해주는 예식도 있습니다. 하지만 아버지가 자녀의 잘못을 벌하고 용서하듯이, 지고하신 주님께서도 그렇게 처벌하시고 용서하십니다. 불행은 지은 죄에 대한 벌입니다. 그걸 우린 알고 있지요. 지고하신 천주님께서는 선하시어서 간구하는 모든 사람들을 도와주심을 또한 알고 있습니다. 우리가 그분과 당신에게 감사하고 있는 것은 당신께서 그분의 부르심을 들었기 때문입니다."

양반은 깊은 생각에 젖어 그 말을 귀담아 들었다. 섬세하고 가는 손을 무릎 위에 가만히 올려놓은 채, 머리를 수그리고 있었다. 잠시 정적이 지배했다. 문씨에게는 암흑 속에서 무슨 빛이 비치는 것 같았다. 그는 이러한 교리에 목숨을 바칠 수 있는 그리스도인들을 생각했다.

갑자기 그는 머리를 쳐들고서 똑바로 쳐다보았다. "당신께서

---

1) 당시 천주교인들이 자신의 종교를 지칭하던 말.

흉금을 털어놓고 자유로이 이야기해준 데 대해 감사를 드리오. 그로 인해서 당신에게 불편한 일이 결코 생기지 않을 것이오. 우리 집에 머무시오. 집안의 술과 양식도 가져다 드시오!"

안주인이 작은 상을 차려가지고 들어왔다. 복숭아꽃 사이의 새들 모양도 보이고, 나전 장식무늬가 곁들여진 옻칠한 검은 색으로 손님을 위한 상이었다. 막걸리와 안주로 생선포가 나왔다.

농부 박씨는 음식을 즐겼다. 그리고는 문씨에게 감사의 인사를 하고 밖으로 나갔다. 문지기가 그를 도와 함께 곡식이 담긴 가마니를 끌고 와서 황소 등에 실었다. 농부는 고삐를 손에 잡고서 이랴하고 소리치면서 문 밖으로 나갔다.

곧이어 그는 이웃사람들과 다시 와서 나머지 가마니들을 가지고 갔다.

며칠 후 문씨는 또다시 농부 박씨를 다시 자기 집으로 불렀다. 이번에 그는 솔직한 마음으로 말을 꺼내어 단도직입적으로 물었다. "자 나에게 말해 보시오. 박씨. 교리 중 가장 요점은 무엇이요? 신자(信者)로서 반드시 주의해야만 할 것 말이오. 모든 걸 시원스레 말해보시오! 정말 알고 싶구려." 그가 다그쳐 물었다.

그러자 농부의 눈빛이 반짝였다. 하지만 그는 몹시 자제를 하며 솟아오르는 기쁨의 표현을 억누르는 빛이 역력했다. 그렇지만 말투는 아주 가벼웠다. 그는 아침과 저녁의 기도, 교리학

습, 금요일 계명, 주일기도에 대해 이야기했다. 그 양반이-이제 최소한-부인 한 사람을 갖고 있다는 사실을 알고 있었기 때문에 이야기가 술술 이어졌다. 정작 말을 꺼내기가 어려웠던 부분은 조상제사에 대한 문제였다.

문씨 문중에서는 천주교를 믿지 않는 가정에서 늘 그렇듯이, 위패가 여럿 있었다. 그것은 단순히 작은 공간이 있는 좁고 약한 뼘 반 정도 높이의 목판으로서 야생 밤나무로 만들어진 것이었다. 그것들은 똑같은 재료로 만들어진 귀한 보관함 속에 넣어 두었다. 믿지 않는 사람들은 그것들을 돌아가신 분들의 영령을 모셔두는 곳으로 여겼다. 나무로 된 위패들은 옆방이나 옆 건물의 제단 비슷한 탁자 위에 있었다. 그것들은 빨간 초와 오색 종이꽃으로 치장되어 아버지와 어머니에게 각각 하나씩 바치게 되어 있는데, 통상 다섯 세대[2]에 이르기까지 보관된다. 이 기간이 지나거나 아니면 그보다 일찍이라도 사람들은 그것들을 사찰로 가지고 가서, 거기서 기도와 예식을 행하는 가운데 불교승려들에게 맡기어 불태우곤 했다. 일주기 때에는 이 위패 앞에 날마다 음식이 차려지고, 돌아가신 분들이 알아보고 음식을 즐기시도록 간절하게 기원한다. 나중에는 특정한 날에만 제사를 드린다.

이 위패는 가족에게 있어서 가장 고귀한 것이며, 보관하는

---

2) 실제로는 양반가문에서 5대가 아니라 4대봉사(四代奉祀)를 한다. 기한이 지난 위패는 절에 맡기어 불태우지 않고, 그 가문에서 땅에 묻었다.

장소는 집안의 성역이라 할 수 있다.

그리스도교인들에게는 조상제사가 금지되어 있다. 그래서 그들은 집안에 위패를 가지고 있지 않다. 그것은 초기에는 특히 모든 새 신자들에게는 혹독한 시험이었으며, 천주교인과 비천주교인 사이의 심한 대립을 이루는 근원이 되었다. 한국교회의 최초 순교자인 권상연 야고보와 윤지충 바오로 두 사람은 그들이 이 위패들을 자기 마음대로 불태워 버렸기 때문에 단두대의 칼에 자기 생명을 바쳤다. 그들은 죽은 사람들의 평온을 깨뜨리고 그들의 복수심을 불러일으켰다는 것이 죄목이었다.

농부 박씨는 계속 말을 이었다. "나리, 중요한 사실을 제가 더 아뢰어야 하겠습니다. 혹시 아실지 모르겠습니다만, 우리 천주교인들은 집안에 위패를 갖고 있지 않습니다. 저희들은 그것이 필요 없습니다. 죽은 자에게는 세 곳이 있는데, 하늘과 연옥, 그리고 지옥이지요." 그리고 설명하기를 모든 죽은 자들은 이곳들 중 한 곳에 있는 것이지 위패 속에 있지 않다는 것이었다. 그리고 나서 농부는 다시 말을 멈추었다.

문씨는 고개를 숙이고서 두 손을 무릎 위에 얹었다. 깊이 숨을 내쉬고는 머리를 쳐들고 나직이 말했다. "알겠어요." 그리고는 잠시 쉬었다가 다시 말을 이었다. "아주 잘 이해하겠어요. 지고하신 주님께서는 모든 조상들의 주인이시기도 합니다." 그는 부인을 불렀다. 상이 차려졌다. 문씨는 손님과 함께 음료를 마시고, 헤어지면서 "또 오시오!"라는 인사를 했다.

그 다음 문씨는 혼자 남게 되었다. 위패는 저쪽 사랑채에 있었다. 거기에는 방이 넷이 있는데, 하나는 문지기가 쓰고, 다른 두 방은 손님용이었다. 네 번째 가장 좋은 방에는 위패가 있는 탁자가 놓여 있었다. 그것들은 또한 그의 집의 보물이었다. 그리고 그 장소는 그 집안의 성소이기도 했다.

문씨는 이제 많은 것을 들었고, 생각도 많이 변했다. 그는 이모저모 생각을 하고는 말했다. 귀신들이 위패 속에 살고 있다는 것은 결국 하나의 의견일 따름이겠지. 누가 그걸 보았단 말인가? 하지만 천주님의 교리도 영적이다. 그분 역시 누군가 본 사람이 있는가? 그렇지만 그는 그 둘을 서로 마주 놓고 대조시킬 수는 없었다. 그건 그가 마치 종이우산을 견고하게 세워진 집과 비교하는 꼴이라 여겨졌다. 천주교 교리에 아주 쏠려 있으면 사람들은 그 안에서 그리고 그걸 바탕으로 살아갈 수 있었다. 세상과 인간과 그의 삶, 이 땅 위에서의 그의 존재, 이곳과 피안에서의 그의 행복, 모든 것이 그것을 에워싸고 있다. 영세를 통해서 사람들은 천주님의 자녀가 되고 영원한 행복의 유산이 된다!

그러나 이러한 생각에도 불구하고 문씨는 어머니와 친척들을 생각할 때 깊은 한숨을 내쉬지 않을 수 없었다. 위패를 직접 제거해야만 하겠고 아니면 그렇게 되도록 시켜야 하겠다는 생각에 이르자, 그의 내면 자체가 그에게 반기를 들었다. 그런 생각에 잠기니 몸이 와들와들 떨렸다. 몸이 흔들려 어찔어찔했고, 도무지 어찌할 바를 몰랐다.

여러 날이 지나갔다. 햇빛과 소나기가 교차되고, 농부들은 허리를 펼 시간도 없이 아침부터 저녁까지 들판에 서서 잡초를 뽑아야 할 그런 시기였다. 그때 박씨의 낯익은 목소리가 양반의 문 앞에서 크게 들렸다. 문씨는 반갑게 문을 열고 그를 방안으로 맞아들였다. 먼저 그는 세 가족의 안부를 묻고는 곧장 자기 마음 속에 걸려 있는 것에 대해 이야기를 꺼냈다.

"우리는 지난번에 조상들에 대해서 이야기했소. 당신이 그때 한 말을 나는 아주 잘 알아들었소. 나도 그걸 깊이 생각해 보았소. 교리에 관한 한 모든 것이 좋다고 당신에게 말하고자 해요. 그러나 위패에 대해서는 손을 댈 수가 없구려. 그걸 못하겠어요. 전혀."

그러고는 잠잠했다. 농부도 즉시 대답을 하지 않았다. 그는 마음속으로 그 남자를 위하여 깨달음과 힘을 달라고 하느님께 기도했다. 그러나 얼마 후에 그는 침묵을 깨뜨렸다.

"물론, 커다란 희생이 요구됩니다. 아주 커다란……."이라고 그는 숨김없이 말했다.

양반은 그에 대해 이렇게 대답했다. "알겠어요. 아주 잘 이해 하겠어요. 두 가지가 함께 이루어질 수는 없지요. 그래도 아무 런 해결방법이 없는 건 아니겠지요?—아, 나의 어머니와 친척들 이!" 들끓는 가슴에서 터져 나오는 고통스럽고도 솔직한 탄식이 었다.

양반은 농부 박씨에게 아주 가까이 돌아앉았다. 이제는 더

이상 신분의 차이라는 것도 없어졌다. "묘안이 하나 떠올랐어
요. 아무에게도 말하지 않을 수 있지요? 우리 둘 사이의 비밀로
남아있어야 합니다." 농부는 고개를 끄덕였다. 그러자 문씨는
이야기를 계속했다.

"나는 집을 바치겠소. ─위패도 함께 말이오. 나는 집을 태워
버릴 거예요. 그것들이 타 없어지면 누구든 그것들에 손을 댈
필요가 없어지겠지. 정말이지, 꼭 그렇게 할 작정이오. 그에 대
해 당신은 어떻게 생각하시오?"

그와 함께 문씨는 무슨 대답이라도 기다리듯이 농부의 얼굴
을 뚫어지게 바라보았다. 엄숙한 순간이었다. 농부는 눈길을 떨
어뜨리고 순박하게 물었다. "나리께서는 큰 약속을 하셨습니다.
그걸 정말 실천에 옮길 수 있을까요?"

"물론이지." 양반은 나직이 그러나 확고하게 말했다.

"그렇게 되면, 나리께 혐의가 떨어지지 않을까요?"

그에 대해 문씨는 "그럼요. 어렵지 않아요. 불은 당신네 집
아궁이에서 생겨났듯이 그렇게 붙게 되겠지요. 언젠가 내 아내
와 어머니와 다른 사람들이 모두 외출하고 문지기가 잠시 낮잠
을 자면 그때 일으킬 수 있지요. 좀 더 깊이 생각해 보겠어요."
라고 말했다.

그건 정말 그리 간단한 문제는 아니었다. 문씨는 어머니와
부인과 새로운 교리에 대해서 한마디도 이야기를 나눈 적이 없
었다. 그는 이리저리 생각해 보느라, 밤에는 한숨도 자지 못했

다. 정말이지, 교인이 되려면 그밖에 다른 도리가 없었다. 그는 행동해야만 했다─그러면 장애물이 거둬지고 그는 자유로워질 것이다. 그가 좀 더 오래 생각해보면 볼수록, 그의 결심은 더욱 확고해졌다. 그는 단지 절호의 기회만 기다릴 따름이었다.

다시 여러 주가 지나갔다. 언젠가 농부가 교리서를 가져다주었다. 첫날부터 문씨는 아침저녁으로 기도서를 읽었다. 그것을 아주 작은 목소리로 읽었다. 집안에서는 아무도 그것을 알지 못했다.

여름이 지나갔다. 들녘에는 가을이 왔다. 밤은 선선해지고, 집안은 따뜻하게 불을 지펴야 했다. 이즈음에 마을에는 혼례식이 있었다. 어머니, 아내, 머슴과 그의 가족은 찬지 집에 가고 없었다. 문지기도 외출했다. 그는 작은 선물을 누구에게 전해줄 일이 있어 잠깐 나갔다가 곧 돌아오겠노라고 말했다. 이제 바야흐로 문씨가 오래토록 그리고 초조하게 기다려왔던 그 순간이 온 것이었다.

"하늘에 계신 주님, 당신을 위해 일을 행하겠습니다. 저를 도우소서!" 그는 생각했다. 일을 꼭 성사시켜야만 했다. 마당은 토벽으로 둘러싸여 있었고, 문은 틈새까지 사슬로 묶였다. 그때 양반은 일어나 옆집으로 가서 지푸라기를 아궁이로부터 방까지 놓고서 불씨를 가지고, 손을 가만히 움직여 한 번, 두 번, 세 번 마른 짚단에 불을 붙였다. "하늘에 계신 주님, 당신을 위해 이 일을 합니다. 당신께 제 조상들을 맡깁니다." 그는 농부가 가르쳐준 대로 조용히 말했다. 잠시 그는 가만히 서 있었다. 불은 순조로이 타올랐다. 그 남자는 재빨리 몸을 돌려 후문을 통해 밖으로 나가서, 문을 열어 둔 채 안채로 되돌아갔다. 그의 가슴은 격렬하게 고동쳤다. 그는 문을 통해 바라보았다.

"하느님. 당신을 위해 저는 이 일을 행하였습니다. 저희 조상들을 당신께 맡기옵니다." 그는 계속해서 중얼거렸다.

연기가 집에서 밀려나와 천천히 지붕 위로 옮겨갔다. 누구라도 제발 늦게 와야 할 텐데! 문씨는 그렇게 생각했다. 벌써 불길은 짚에 붙었다. 그때 한 남자의 고함소리가 들렸다. "불이야! 불이야!"

문씨는 문을 열고 마당으로 뛰쳐나가 대문을 열었다. 이웃 노인 두 사람이 뛰어들어 왔다. 일이 제대로 벌어졌구나 하고 문씨는 생각했다. 세 사람은 불길을 바라보고 있었다. 거대한 불기둥처럼 가파르게 곧장 집 옆에 솟구치더니 이글대며 격렬하게 타올랐다. 열기와 연기로 인해서 더 이상 아무도 가까이 다가갈 수가 없었다.

양반은 냉정하면서도 아주 위엄 있게 말했다. "아무 일도 할 수 없군. 바람이 불지 않는 것만 해도 다행이다!" 두루마기 자락을 날리며 문지기가 문을 들어서면서 안타까이 고함을 지르며 손을 비벼대고 있었다. 그 뒤로는 남자와 여자 한 무리가 있었는데, 노모는 아내의 부축을 받고 서 있었고, 머슴과 그의 아내와 아이들도 보였다.

문씨는 꼿꼿한 자세로 마당 한가운데에 서서 다시 한 번 소리쳤다. "어쩔 수 없는 일이오. 여러분! 바람이 불지 않는 것만 해도 다행이오!"

어머니는 불타는 집 앞에서 땅에 주저앉아 주먹으로 땅을 치며 울부짖었다. 아들은 그대로 놔두지 않고, 어머니를 일으켜 자기 품에 안았다. 그리고 굳건한 마음으로 노모의 절망적인 탄원을 들었다.

저녁에 모든 것이 지나갔다. -

소유주인 문씨는 사람들이 의아하게 생각할 정도로 아무에게도 화재의 책임을 묻지 않았다. 그가 이날 가져 온 희생은 컸다.

그런 후에 그는 그리스도인이 되었다. 그리고 그의 집은 축복을 받았다.

운수행각(雲水行脚) 하는 계월*

    새로운 날이 밤의 어두운 장막을 거두었다. 부드러운 아침햇살이 산 위로 넘쳐흐른다. 높다란 산의 오솔길에 한 형상이 떠오른다. 스님의 잿빛 옷을 걸치고 있었다. 무릎까지 내려오는 긴 두루마기와 그 속에는 윗저고리와 품이 넓은 바지를 입고 있었다. 노란 덧옷은 접힌 채 왼쪽 어깨 위에 걸쳐 있었다. 머리에는 작고 뾰족한 밀짚모자를 쓰고 있었는데 턱 아래 끈으로 꼭 묶여 있었다.

    나무로 만든 바리와 옥돌접시가 베 끈에 매달려 있었다. 그리고 허리띠에는 회색의 좁다란 손수건이 걸려 있었다. 발은 볏짚으로 꼬아 만든 펑퍼짐한 짚신을 신고 있었다. 가만히 그리고 균형 있게 손에는 지팡이를 쥐고 있었다. 얼핏 남자의 손은 아닌 것 같았다. 가까이 오면서 보니까 새 하얀 얼굴은 완전히 여자임이 드러났다. 김계월이라고 하는 젊은 여승으로서 중부지방 한

---

* 이 작품은 아마도 저자 자신의 선교경험담과 관련된 사실을 형상화 한 듯하다. 당시 천주교측 자료에서는 승려의 개종관계가 비교적 자주 다루어지고 있었다.

작은 산사 "송산사"에서 왔다. 그 여승은 수행차 운수행각을 하
는 중이었다. 이번 첫 구걸행각으로 속세에 나오게 된 것이다.
우마차 다니는 길이 새 골짜기 속으로 굽어진 곳에서 여승은 높
은 길가로 올라가서 풀 위에 앉았다. 기다란 골짜기를 내려다보
고, 양쪽이 빽빽하고 침침한 나무덤불로 뒤덮인 비탈길과 틈새
가 훤히 벌어진 노랗고 붉은 빛 암벽들이 있는 가파른 곳들을
바라보고 있었다. 골짜기 한가운데에는 너른 개천이 흐르고 있
었다. 그 위에는 이른 아침의 노을이 요란스레 반짝반짝 비치고
있었다. 연록색의 좁다란 논 벌판이 양쪽으로 연달아 줄지어 있
었다. 끄트머리에는 잿빛 초가지붕의 나지막한 토담집이 몇 채
서 있었다. 여승의 눈길은 오래토록 이 집들에 머물렀다. 저곳
에서 나는 아침공양을 받아야겠구나 하고 그녀는 생각했다. 이
제 그녀는 머리를 들어올리고, 뻣뻣한 모자를 앞쪽으로 밀어서
벗었다. 그리고 그것을 자기 옆 젖은 풀 위에 내려놓았다. 천천
히 그녀는 오른손으로 삭발한 머리를 쓰다듬고는 두 손을 무릎
위에 올려놓았다. 풀과 덤불숲 주위로 이슬이 반짝이고 있었다.
지난밤의 아주 소중한 선물이었다. 딱정벌레들도 잠에 취한 듯
여기저기에 매달려 있었다. 그러나 곧 그것들은 윙윙거리는 땅
벌을 따라갈 것이다. 메뚜기들은 긴 다리로 높다란 꽃자루를 이
리저리 기어오르기 시작했고, 이곳저곳으로 뛰어다녔다. 계월
은 깨어나는 아침 한가운데에서 길가에 가만히 앉아 있었다.

젊은 여승이 절에 들어간 것은 겨우 한 달 전이었다. 이즈음에 - 정확히 엿새 전이었다. - 주지스님과 아주 격렬한 말다툼이 있었다. 계월은 나름대로 아주 좋은 생각을 가지고 절에 들어왔던 것이다. 그녀는 모든 것을 규정이 요구하는 바대로, 스스로의 마음을 바로잡고, 기도하고, 수행하며, 성찰하려고 했다. 그러나 사시공양(巳時供養)을 부처님께 올려야 했는데, 이것만은 해낼 수가 없었다. 그것은 그리 간단한 일이 아니었다. 처음 한동안은 그런 대로 계월을 관대히 보아주었지만 그걸 못마땅하게 생각해온 주지스님은 결국 그녀를 꾸짖었다. 계월은 곧 머리를 수그리고 말없이 그대로 있었다. 이것이 고집스러움으로 비쳤고, 계월은 큰 처벌을 피할 수 없게 된 것이다. 그때에 계월은 전혀 고집스럽게 굴 생각은 없었다. 계월은 어렸을 적부터 순종하는 데에는 익숙했지만, 제사를 쉽사리 이행할 수는 없었다. 그 후로 곧 계월은 모든 수행자들 앞에서 다시 한 번 야단을 맞고, 격리되었다가, 이튿날 이른 새벽에 주지스님은 계월에게 새로 닦은 낡은 바리, 모자와 신발을 주었다. 계월은 미련 없이 그 집을 떠나야만 했다. 계월은 벌로서 바깥을 맴돌면서 구걸하고 잘못을 고쳐야만 했다. 그러고 나서야 다시 되돌아올 수는 있지만 달이 두 번 모습을 바꾸기 전에는 안 되었다. 계월이 떠날 때 주지스님이 그렇게 말했던 것이다.

이런 일이 생기리라고는 계월은 상상도 못했다. 그러나 그 때문에 계월은 주지스님에게 화난 것은 아니었다. 주지스님은 사찰의 관습과 법에 따라 분명 그를 대하였을 따름이었다. 계월은 그 어떤 사람에게도 결코 분을 품지 않았다. 그런데도 어째서 그랬을까? 날이 가고 시간이 흐를수록 바로 모두가 하나씩 변하였고, 계월은 하루를 지내는 동안 여러 사건들에 부딪혔지만 자신이 그 순간마다 옳다고 생각하는 방향으로 일을 처리했다. 하늘에 계신 아버지와 성모님께서 그녀를 꼭 도우실 거라고 계월은 생각했다.

다시 계월은 머리를 돌리고 환한 골짜기 아래에 있는 옹기종기 모인 집 몇 채를 내려다보았다. 그곳에서 아침공양을 구하기로 작정하고 있었다. 굴뚝에서는 가느다란 검은 연기구름이 마치 양초같이 쑥쑥 곧게 솟아오르고 있었다. 서서히 여승은 다시 눈길을 떼고 덤불 속을 들여다보았다. 이슬방울들이 나뭇잎에 모여 있다가, 굴러내려 가만히 떨고 있는 높은 숲의 풀밭 위로 떨어졌다.

김계월은 목촌리 마을 강사국 영감 댁의 며느리로 과부가 됐다. 그녀의 남편은 홍수 때 개천급류에 휩쓸려 그만 목숨을 잃었다. 명문가 안주인으로서 살아 갈 희망은 그렇게 꺼져버리고 말았다. 그녀는 양반가의 관습에 따라 평생 과부로 지내야 했다. 그런데 어느 날 집안 어르신이 작은 책자를 한 권 집으로 가지고 와서는 낯선 종교에 대해 시어머니와 계월 자신에게 아주 자세하게 이야기를 해주었다. 그것을 그는 친구인 박제골의 김남선 영감으로부터 알게 되었던 것이다. 김씨 집안은 이 교리를 이미 오래 전에 받아들였노라고 강사국은 덧붙였다. 그 친구가 아주 외부와 관계를 끊고 조용히 살고 있는 게 좀 이상하다고 생각했었는데, 이번에 비로소 이유를 알게 되었노라고 했다. 새로운 종교는 제사를 허락하지 않았다. 그래서 가까이 하기를 꺼려왔던 것이다. 이것이 강사국에게는 새로운 교리가 마뜩치 않았던 단 한 가지 점이었다. 하지만 그는 후에 나이 들면 믿겠노라고 친구에게 언질을 준 상태였다.

"내가 나의 친구에게 약속한 게 더 있지." 강사국은 말을 맺었다. "내 아내와 며느리가 믿으려 한다면 그렇게 하도록 해 주겠다. 아무런 방해도 하지 않겠다." 이런 약속에 따라서 강사국은 두 여인이 새로운 교리를 받아들이도록 격려했다.

그런 이후에 시어머니와 계월은 작은 책자를 읽기 시작했다. 날마다 아침저녁으로 두 번씩 읽었다. 교리가 쏙 마음에 들었다. 돌아가신 분들에게 드리는 제수(祭需)를 그들은 이제 더 이상 가져가지 않아도 되었다. 강사국도 그에 동의했다.

한번은 시어머니가 계월에게 말했다. "얘야, 요즈음 내 머리에 종종 이런 생각이 떠오르는구나. 여기 우리 집에서는 천주교인들이 해야만 할 모든 일을 따르는 게 힘들구나. 내가 아침마다 기도를 좀 하려고 하면, 반드시 누군가가 와서 이런저런 일들을 해달라고 하는구나. 이렇게 살아가면서는 기도할 만한 시간도, 형편도 갖춰져 있지 않아. 이럴 때는 절간이 아주 좋을 법하다. 적어도 한동안은 말이다. 넌 어떻게 생각하니? 거기서 사람들은 틀림없이 기도하고 명상할 시간을 가질 수 있을게다. 넌 송악고을의 작은 절 송산사로 가면 어떨까? 그곳에서 너는 기도와 명상의 평온한 시간을 가지며, 고기도 먹지 않고[1), 일요일에도 아무런 방해를 받지 않을 수 있다. 거기서 많은 덕을 쌓을 수 있겠지. 우선 네가 떠나거라. 후에 내가 따라가겠다. 언젠가는 기회가 또 생기겠지."

어머니가 그렇게 하는 말은 바로 계월 자신이 하고 싶어 하던 바였다. 두 사람이 가장에게 그런 계획을 털어놓자 가장은 흔쾌히 찬동하고 허락했다. 그렇게 해서 계월은 송악고을 위 절간에 오게 된 것이었다. 사람들을 계월을 아주 반갑게 받아들였고 그녀에게 많은 사랑을 베풀어 주었다. 하지만 계월에게는 무언가 상존하는 불안이 자리하고 있었다. 항상 그녀는 벌써부터 거대한 황금불상에 대해 거리낌을 느꼈고, 이런 마음은 절에 들어가면서도 사라지지 않았다. 그녀는 대웅전의 불단 앞에 아주 마음을 모으고 경건하게 거의 꼼짝하지 않고 앉아있었다. 그러나 그는 불교 서적이 알려주고 있는 것에 대해서 관심도 두지 않고 그녀가 집에서 작은 책자를 통해 배운 기도서들을 생각하

---

1) 당시 천주교도들은 평시의 금요일마다 고기를 먹지 않았고, 부활축일 전 40일간에도 금육을 원칙으로 했다.

며 아주 가만히 혼자서 기도했다.

하지만, 대웅전 바깥에서는 마음이 아주 평안했다. 계월은 아주 즐겨 일을 했고, 사람들이 자기에게 맡긴 것을 아주 세심하게 보살폈다. 더불어 계월은 말이 없었지만 도반들에게도 자애롭고 상냥하게 대했다. 사람들은 계월을 좋아하지 않을 수 없었다. 그런데 주지스님은 그녀가 공양 올리기를 거부하고 있는 모습을 오랫동안 살펴보고 있었던 것이다. 새로 들어온 수련생치고 계월은 정말 큰 존경을 받고 있다는 생각이 들었다. 결국 주지스님은 계월을 아무도 보지 않는 데로 불러내어 자기 순서가 되면 공양을 올려야 한다는 점을 지적하고 경고했다. 그때 계월은 당황하여 눈길을 떨구었다. 그리고 부처님께 공양을 올려야 할 때 다시금 순서를 지나쳐버리고 다른 사람이 나오게 했던 것이다. 아, 그렇게 할 수 없었던 것인데!

갓 떠오른 태양은 이제 언덕 위로 빛을 발하며 서 있었고, 잠에서 깨어난 자연은 그것을 향하여 환호를 하고 있었다. 풍뎅이들도 잠에서 깨어났는지, 몸을 씻고 기어가거나 날아서 새로운 삶의 문을 열었다. 계월은 언덕을 따라 새하얀 안개줄무늬를 바라보고 있었다. 그것은 눈에 띄게 가늘어졌다. 계월은 그것이 해체되어 형체도 없이 사라지는 모습을 응시했다. 그리고 거기 저 먼 푸르른 창공에는 더 이상 구름 한 점 보이지 않았다. 계월은 멀리 눈길을 고정시키고 혼자 웅얼거렸다. 잿빛 산까마귀 한 무리가 잽싸게 산등성이 위에 나타났다. 골짜기로 들어와 맴돌다가 다시 고상하고 힘차게 날개 짓을 하며 언덕 위를 지나 숲속으로 날아갔다. 예쁘고 날씬한 산비둘기들이 그 뒤를 따르고 나직이 구구대며 옆을 미끄러지듯 날아갔다. 그러자 여승은 머리를 수그리고 계속 생각에 잠겼다.

그녀가 언젠가 한번 천주교인 집에 갈 수 있으면 좋으련만! 교인들에게 그녀는 모든 걸 이야기해보고 싶다. 그러면 그들은 틀림없이 그 말을 알아들을 것이고 자신을 문전박대하지 않을 것이다. 계월의 시아버지도 이 지역에서는, 적어도 관리계층에서는 널리 알려진 사람이 아닌가. 다른 누구에게가 아니라, 오직 그리스도인에게만 계월은 자기의 일을 낱낱이 아뢸 생각이었다. 그렇지만 교인 집을 발견하는 건 결코 쉬운 일이 아니었다. 지금까지 계월은 한 번도 보지 못했다. 일개 여승에게 자기가 그리스도교인이라고 선뜻 말해 줄 사람이 어디 있겠는가?

지난밤 그녀는 산마루턱 한 가난한 농가에서 하룻밤을 묵었다. 아궁이 가까이, 한낱 진흙 바닥 위에서 잠을 잤다. 한줌 땔감 나뭇가지를 베개로 삼았다. 저녁에는 먹을 것도 얻었다. 하지만 아침은 감히 꿈도 꾸지 못하였다. 다시 한 번 구걸해 볼 작정이다. 그래서 그녀는 일찍 일어나 부인에게 만수무강과 행복을 기원했다. 그리고 급히 그곳을 빠져나왔다……. 지난 일과 다가올 일을 생각해 보면서―그리 많은 생각이 떠오르지 않았다― 계월은 한동안 높다란 숲의 풀 사이에 앉아 있었다. 그런 다음

밀짚모자를 집어 들고 머리에 얹어 갓끈을 매고는 일어나서 길
아래쪽으로 걸어갔다. 풀과 나무, 덤불숲과 꽃들 사이로 발길을
옮겼다. 풀벌레들이 저마다 윙윙거리고, 새들이 노래하며 구구
대고, 여름아침의 이런 모든 살랑거리는 소리 하나하나가 그녀
를 가까이 에워쌌다. 집 네 채가 모두 굴뚝으로 이제 뽀얀 연기
를 모락모락 뿜어대고 있었다.

　농가부인네의 아침의상이라고 할 수 있는 폭 넓은 바지와 짧
은 윗저고리를 입은 부인 한 사람이 첫 번째 집에서 나왔다. 손
에는 배가 볼록한 물 항아리를 들고 있었다. 딸인 듯한 소녀가
그녀 뒤를 쫓아가 어머니를 앞지르더니, 줄에 매달린 나무로 된
두레박을 민첩하게 우물 아래로 던지고 그것을 다시 위쪽으로
잽싸게 끌어올렸다. 서너 번 그렇게 하니 옹기항아리가 가득 찼
다. 어머니는 머리 위에 짚으로 된 작은 똬리를 머리에 바르게
얹고 그 위에 물통을 높이 들어 이었다. 그리고 똑바로 안정된
발걸음으로 손을 가볍게 흔들면서 집으로 들어갔다. 그녀는 다
시 돌아와 세 번 그렇게 했다. 그러는 사이에 여승은 그들에게
가까이 다가갔다. 소녀는 그녀를 한동안 뚫어지게 바라보더니
갑자기 두레박을 땅에 내동댕이치고는 어머니에게 달려가 "엄
마, 스님이 와요!"라고 소리치는 것이었다.

　계월은 그 소리를 들었다. 아이들이 그렇게 하는 건 보통 있는
일이었다. 계월은 가만히 길을 걸어 물동이를 이고 가는 부인
뒤를 따라갔다. 스님이 하는 방식대로 계월은 대문 앞에 서서

지팡이로 두세 번 나무로 된 바리를 두드렸다. 그리 크게 두드리지 않아도 종이로 바른 격자문 뒤로 그 소리는 충분히 알아들을 수 있었다. 부인이 곧 문 아래로 나타났다. 계월은 머리를 숙였다.

"안녕하시온지요?"

"아침밥을 원하시나요?" 부인은 대답 대신 그렇게 물었다.

"예. 가난한 자에게 뭘 좀 주실 수 있으면요. 귀하신 마님께 부탁드립니다." 계월은 그렇게 말하고서 굽힌 허리를 천천히 펴서 바로 섰다.

"좀 앉아서 잠시 기다려 주세요. 곧 밥이 다 되어가요. 그걸 좀 갖다 드릴게요."

계월은 기다림의 미덕을 이미 배웠다. 그녀는 집 전체를 둘러치고 마당과 경계를 이루고 있는 넓은 진흙 계단 마루턱에 앉았다. 그늘에 앉아서 곧 관자놀이를 짓누르고 있던 모자를 벗었다. 그러고 나서 가지고 있는 것들 가운데 하얗게 문지른 사발을 꺼내 매만지고는 그걸 옆에 나란히 놓았다. 집안과 이웃집에서 온 아이들이 달려왔다. 그리고 모두 여승을 중심으로 반원을 그리고 서서 호기심 가득한 눈으로 커다란 검은 눈을 굴리며 그녀를 바라보았다. 그들은 이미 자기 어머니들로부터 속세를 떠난 이런 여인들에 대해서 많이 들어서 알고 있었다. 그들은 어떤 신비를 전수받아 나쁜 아이들을 데리고 가며, 마술을 행하고, 병든 사람에게서 귀신들을 내쫓을 수 있고, 그들과 서로 은밀하게 속삭이기도 한다고 했다. 작은 녀석들은 용기를 잃고 큰 녀석들 뒤로 숨어버렸다. 그때 부엌에서 "당신의 그릇을 이리 주시오!"라는 큰 소리가 들려왔다.

밥이 다 되었다. 여승은 바리를 큰 소녀에게 주었고, 곧 어머니에게 전달됐다. 어머니가 몸소 밥그릇을 채워서 낯선 여인에게 갖다 주었다.

"자 받으세요! 맛있게 드세요!" 그녀는 말했다.

사발에는 밥이 가득 담겼고, 김이 모락모락 나는데 그 위에는 약간 익힌 김치 한두 조각이 얹혀있었다.

여승은 몸을 일으켰다. 그녀는 "선하신 마님. 하늘이 보답해 주실 것입니다!"라고 말하고서, 두 손으로 그것을 받아들었다. 그리고 다시 진흙 계단에 걸터앉아 벽에 기댄 채 수저를 가지고 먹기 시작했다. 계월 앞으로 아이들이 빙 둘러싸고 있고, 언제라도 튀어 도망갈 준비를 갖추는 듯 전혀 경계의 눈초리를 떼지 않았다. 식사가 끝나자 부인이 따뜻한 숭늉까지도 갖다 주었다. 계월은 그것을 일단 마시고 일어나, 남은 물로는 허리춤에 걸고 다니던 수건으로 사발과 수저를 씻고 닦았다. 그런 후 다시 한 번 고마움을 표한 다음 집안의 모든 것을 위해서 기도하겠노라고 약속했다. 동시에 합장을 하고 여러 번 절을 했다. 그리고 하느님과 마리아를 생각하고 그 집과 사람들에게 축복을 내려주시도록 했다. 그러고 나서 길을 떠났다. 아이들이 어느 정도 간격을 띄고 문까지 따라가다가, 멈춰 서서 그녀의 모습이 사라질 때까지 바라보았다.

골짜기 끄트머리에는 개천이 쏟아낸 황토가 좁다란 통로를 덮고 있었다. 그 길은 나란히 언덕으로 향하는 것이었다. 그 위, 협곡 옆에서 여승은 잠시 앉아서 쉬다가 가시덤불과 꽃들 사이로 보이는 수풀 속으로 들어갔다. 떡갈나무 덤불 속 손바닥 크기만큼의 이파리들이 눈부신 햇살을 막아주고 있었다.

계월은 다시 곰곰이 생각했다. 천주교 교인의 가정을 찾는 일은 정말 어려웠다. 사람들이 여승에 대해 이 정도 거부자세라면 천주교인들에게는 오죽하겠는가? 어찌해야 할까? 도저히 방법이 없었다. 다시 사찰로 돌아갈까? 조금도 그럴 생각은 없었다. 아무래도 공양을 올릴 자신이 전혀 없었다. 계월은 떡갈나무 그늘에서 작은 책자에 쓰여 있는 모든 기도문들을 혼자 중얼중얼 외우고 있었다. 그리고 나서 그녀는 풀밭에 드러누워 두 팔로 베개를 삼고 몸을 뒤척이다가 새파란 하늘을 바라보았다. 자고새가 한 줄을 이루며 풀에서 나왔다. 구구 울어대면서 계월 앞으로 총총걸음으로 조금 걸어가다가 멈춰서더니, 냉큼 줄달음쳐 다시 모습을 감추고 말았다. 그러자 곧 졸졸 흐르는 옹달샘 소리가 들려 왔다. 계월은 황급히 그리고 은빛 반짝거리며 흘러가는 물결 옆에 섰다. 백로 같은 동물들이 휙 스쳐 지나갔다.

"거기 좀 머물러 있으렴. 난 너희들을 쫓아내지 않을 거야."
계월은 미소 지으며 말하고서, 웅크리고 앉아 바가지를 손에 쥐었다. 그리고 그것을 수정처럼 맑은 물속으로 넣어서 철철 넘치도록 담은 물을 마셨다. 그 다음에 그것으로 몸을 식히고 얼굴과

발을 씻었다.

이날 계월은 중요한 결심을 했다. 박제골의 김남선이라고 하는 마을어르신 집을 찾아갈 작정이었다. 시아버지에게 책을 주었던 그 남자와 이야기를 나누고 싶었다. 그분의 집은 천주교를 믿는 가정이어서 자기를 잘 맞아줄 것이라고 생각했다. 마을은 그다지 멀지 않은 것 같았다.

다시 계월은 조그만 마을에 도달했다. 농부들이 바지를 걷어 올린 채 논에 서 있었다. 계월은 길가 가장 가까운 곳에 있는 두 사람에게 인사를 하고 박제골로 가는 길을 물었다. 나이 많은 사람이 여승을 쳐다보지도 않고 다시 허리를 굽히고서 일을 하는 것이었다. 젊은 사람이 말했다.

"박제골로 가시려구요? 박제골은 이곳에서 나흘 정도 걸어가야 합니다. 동쪽으로 가셔야 해요. 저 다음 길로 가세요. 동쪽으로 구부러졌지요! 그러고는 다시 물어보세요. 닷새 후면 충분히 그곳에 다다를 거예요."

계월은 만족스러웠다. 기쁘기도 했다. 이제 계월은 확고한 목적지가 생긴 것이다. 발길을 옮기면 옮길수록 품고 있는 계획이 더욱 마음에 들었다. 그것이야말로 옳은 일이다. 아마도 이집에서 한동안 충분히 머물 수도 있을 것 같았다. 어쨌든 계월은 그곳에서 교리에 대해 좀 더 많이 듣고 배울 생각이다.

계월은 짚신이 몇 족 필요했다. 신고 있는 것은 닳아 못쓰게되었다. 맨발로 걷는 것은 너무 힘든데다가 돌이나 벌레들 때문에 위험하기도 했다. 지금까지 계월은 한 번도 먼 길을 맨발로 다녀본 적이 없었다. 이웃 마을에 거의 다다르자 쓸모가 없는 짚신을 덤불숲 속에 내던졌다. 그곳에서 새것을 구할 수 있을 거라고 생각했다.

계월은 오래토록 구걸할 필요가 없었다. 마을의 마음씨 좋은 부인이 그녀에게 집에서 만든 왕골신발 한 켤레를 문 앞에 내다 주었다. 계월은 그 신발을 가지러 허겁지겁 달려갈 뻔 했다. 그 것은 이를테면 떠돌이 여승에게 기도 말고도 자신의 장래 운명 이나 그와 비슷한 사주팔자를 물어보는 많은 사람들, 특히 부인 들의 습관이기도 했다. 계월은 그러나 승려생활을 해오면서 아 직 그런 정도의 현명함을 지니지 못했다. 그래서 그런 문제에 봉착하게 될 때에는 매우 난처했다. 이런 일이 계월이 신발을 받아야 할 바로 지금 일어난 것이다.

부인은 물었다. 신발은 아직 부인의 손에 쥐어져 있었다. "스 님, 우리 집안에 병든 아이가 있는데요. 어떻게 그 병을 떨쳐버 릴지 말해주겠어요?"

계월은 한순간 당황했다. 무슨 말을 해 주어야 할까? 계월은 거짓말을 하고 싶지는 않았다. 그래서 정직하게 고백했다. "아 주머님, 저는 나이 어린 여승이에요. 그런 술법을 아직 터득하 지 못했어요. 용서해 주시고, 그런 지식과 경험을 가지고 있는 사람들에게 물어보세요."

의아하게 생각하는 듯 부인은 빤히 쳐다보았다. 스님이 그에 관해 아무것도 몰라도 된단 말인가? 부인은 계속해서 계월을 다그쳐 그가 원하는 것이 무엇인지 들으려 했다.

"용서해주세요, 아주머니!" 계월은 다시금 부드럽고 차분하게 요청했다. 잠시 불편한 시간이 계속되었다.

그때 거실에서 남자목소리가 들려왔다. "아무것도 할 줄 모르면 그냥 보내버리지 뭘 해!" 가장이 버럭 화를 내며 큰 소리로 외쳐댔다. 하지만 그로 해서 계월은 숨을 돌릴 수 있었다. 계월은 즉시 합장을 하고, 몸을 수그리고는 말했다. "아주머님, 꼭 당신과 바깥어른과 아이를 위해서 기도할게요. 하느님이 그에게 건강을 허락하시고 특히 당신 가정을 불행에서 지켜 보호해주시기를 위해서요."

그러자 부인은 잠잠해졌고 더 이상 계월로부터 아무것도 알려고 하지 않았다.

"이거 가져가세요!" 그녀는 짤막하게 말하고서 도톰한 신발을 땅바닥에 내려놓았다. 계월은 땅바닥에 주저앉아 재빨리 신발을 신고 끈을 매었다.

"대단히 감사합니다. 아주머님! 안녕히 계세요!" 계월은 열린 문을 통해 부엌 쪽으로 소리를 쳐 인사를 하고 그곳을 떠났다.

계월은 사나흘 동쪽으로 걸어갔다. 기분이 좋았다. 가는 곳마다 가고자 하는 마을을 모르는 사람이 없었고, 김남선이라는 영감의 이름도 사람들이 다 알고 있었기 때문이었다.

오전에 계월은 마을에 들어가려고 했다. 점심시간을 피할 생

각이었다. 그녀는 마지막 길모퉁이에 서서 아담한 마을을 내려
다보았다. 넓은 분지에 자리 잡고 있는 곳이었다. 계월의 가슴
이 반가운 기대감으로 두근거렸다. 목적지에 도달한 것이다.

급히 골짜기 아래로 내려갔다. 아주 잘 가꾸어진 들판 위에
는 물이 반짝거리고 있었다. 몇몇 농부들이 일을 하고 있었고,
도랑들을 살펴보면서 삽으로 물꼬를 터서 물이 흘러들게 하고
검고 축축한 흙을 작은 뚝 위에 쌓아올렸다. 흘러드는 물줄기가
세지거나, 그렇더라도 한동안 아주 끊임없이 흘러내려갈 수 있
도록 하기 위해서였다. 그들로부터 멀지 않은 곳에 당당한 모습
의 왜가리들이 은백색 가슴을 보여주고 있었다. 여인들은 시냇
가에서 빨래를 하고 있었고, 아이들은 물에서 놀이를 하면서 물
고기들을 쫓고 한 마리를 잡으면 기쁨에 겨워 소리치고 있었다.
말 타고 가는 사람들이 그 길을 지나갔다. 계월은 매번 옆으로
비켜나 말이 지나갈 수 있도록 길을 터 주었다.

첫 번째로 들른 집에서 계월은 관리의 집이 어딘가 하고 물
었다. 가는 길은 잘 가르쳐 주었지만, 몇 발자국 더 나아가려 하
니 여인네들이 서로 이야기를 하는 소리가 들렸다. "저기 우리
고을님 댁에 가면 대접을 잘 받지 못할 텐데. 스님이 천주교인
집에서 어찌하란 말인가?" 그렇게 큰 소리로 말하자 소녀들이
킥킥거리며 웃었다. 계월은 기분이 나쁘지 않았다. 일이 잘 되
리라는 생각이 들었다.

그 양반 집은 큰 마당 뒤쪽 멀리 있었다. 입구 옆에는 높은

수양버들이 서 있었고, 그 가지는 열을 받아 긴 초록 밧줄 마냥
축 늘어진 채 꼼작하지 않고 있었다. 이런 집들은 독자적으로
문지기를 두고 있다. 그것이 혹시 어려움이 될지 모르겠다고 계
월은 생각했다. 이런 사람들은 거지들이나 스님들의 말을 오래
듣거나 할 마음이 없어서 코앞에서 급히 문을 닫아버리기 일쑤
였다.

용기를 내어서 계월은 나무 있는 곳으로 갔다. 세월의 흐름
을 말해주듯 대문은 흐릿해졌고, 또 굳게 닫혀 있었다. 계월은
지팡이로 널빤지를 두드렸다. 청백색 까치 두 마리가 지저귀며
편히 있던 나뭇가지 속 둥지를 떠나 이웃집 용마루 위로 날아갔
다. 그 후 얼마 안 되어 나무빗장이 열리더니 문틈으로 한 남자
가 머리를 내밀었다.

문지기였다. 즉시 계월은 요청했다. "아저씨, 말씀 좀 여쭙겠
어요!"

동시에 몸을 굽혀 인사를 했다.

"무슨 일이오. 스님? 이 집에서는 볼 일이 없을 텐데. 가시오!"

말씨는 친절하지 않았다. 물론 문지가는 자기 앞에 있는 사
람이 여자라는 사실도 제대로 알아차리지 못했다. 계월은 그러
나 그렇게 되기를 기대했다. 그래서 즉시 말을 계속했다.

"아저씨, 저는 벌써 식사를 했어요. 양반어른은 댁에 계신가
요? 김남선 영감님 말입니다. 그분을 만나 말씀을 좀 나눌 수
있을까요?"

"뭐요? 영감님을 만나 얘기를 나누고 싶다구요?" 문지기는 너무나도 놀라서 물었다.

"그래요. 내가 그분께 말씀을 전해드리지요. 자 그분께 드릴 말씀을 해 보시오!"

간결한 말의 형태와 어조 역시 더 이상 스님의 모양새는 아니었다. 사람을 잘 알아보는 그 남자는 곧 그걸 눈치챘다. 그는 무언가 조사하듯 먼지에 휩싸인 계월의 모습을 내려다보았다. 그는 잠시 곰곰이 생각해보더니 뭔가 자기가 꼭 해야 할 일인 듯 여겼다.

"기다려보시오, 내가 한번 보고 오리다!"

잠시 후에 그가 되돌아와 오른쪽 문을 열고 여승을 들여보냈다. 계월 앞에는 말쑥하게 청소를 한 너른 마당이 있었다. 밝은 햇살이 가득했다. 한복판에는 뾰족하고 높은, 깨진 돌들로 에워싸인 둥근 화단이 있었다. 화려하기 이를 데 없는 꽃들이 가득했다. 그 뒤로는 골진 검은 기와지붕의 단층집이 있었다. 계월은 문지기를 따라가다가 망설이고 멈춰 섰다. 남자는 하지만 몸을 돌렸다.

"이쪽으로 오시오!" 그는 말하고서 동쪽 방문 앞에서 기다리도록 했다. 손님들을 맞는 사랑방이었다. 남자들 목소리가 크게 바깥으로 들려왔다. 손님들이 있었다. 한동안 계월은 거기 서 있었다. 결국 남자들이 바깥으로 나오자 집주인이 그들 뒤를 따라갔다. 그는 집에서 입는 평상복 차림이었다. 잿빛 비단바지와

새하얀 목면저고리였다. 그가 손님들과 마지막 인사를 나눈 후
인 그 순간이 계월에게는 절호의 기회였다. 계월은 김남선 영감
에게로 가서 인사를 했다.

"무슨 일이신지?" 김남선 영감은 짧게 물었다.

"나리, 이제야 인사를 드리게 되었습니다. 존경하옵는 어른
이시지요. 그녀는 부끄러움을 떨쳐버리고 그 사람 앞에 나섰다.
저는 목촌리의 강사국 영감 댁의 며느리입니다. 두 분께서는 친
구가 되시지요."

계월은 그렇게 말하고서 아래를 내려다보았다. 그러나 계월
은 긴장어린 기대감 속에 있었다.

"당신이 나의 친구 강 영감의 며느리란 말이요? 이럴 수가!
그런데 어떻게 된 일인지……."

그 남자는 정말 놀라는 눈치였다.

"나리, 말씀드려야겠군요. 정말 놀라실 만도 하시죠. 말씀 좀
들어봐 주세요!"

"좋소! 부엌 안으로 들어오시오!" 그 양반은 계월에게 들어가
기를 권하고서 부인을 불렀다. 부인도 적잖이 놀랐고, 여승과 인
사를 나누고는 함께 부엌으로 들어갔다. 사적인 일이었기에 남
자는 그의 아내를 불러서 손님 — 한 여인 — 을 부엌으로 들어가게
한 것이다. 그 자신은 거실로 들어가서, 부엌으로 향한 문을 열
고서 문지방 가까이에 있는 보료 위에 앉았고, 계월을 가까이
들어오도록 했다. 계월은 겸손한 모습으로 들어가서 관리의 맞

은편에 앉았다. 그리고는 턱에 맨 모자의 끈을 풀고, 모자를 무릎 위에 벗어놓고서 두 손을 그 위에 가지런히 놓았다. 안주인은 계월 옆자리에 앉았다. 그 양반은 긴 담뱃대로 화로 안의 재속 불씨를 쑤셔대면서 계월이 이야기할 분위기를 돋구어주었다.

계월은 곧 이야기를 시작했다. "영감님, 지난 가을이었어요. 우리 아버님께서 당신을 찾아온 손님으로부터 천주교의 기도서가 담긴 책을 받아가지고 왔어요. 그리고 어머님과 저를 가르치셨어요. 봄에 어머님은 이렇게 말씀하셨지요. '송악산에 있는 절간으로 가거라! 그곳 조용한 가운데 너는 기도하고 명상하며 모든 덕을 수행할 수 있을 꺼다.' 그래서 저는 그곳으로 갔지요. 아버지는 그 전날에 우마차에 쌀을 실어 보내주셨어요. 사람들이 저를 아주 잘 맞아주었지만, 제가 생각했던 만큼은 못되었어요. 저는 말하자면 부처님께 공양을 올려야 하는데 그것을 저는 할 도리가 없었거든요! 저는 거부했어요. 그랬더니 주지스님이 저를 두 달 동안 구걸하는 운수행각(雲水行脚)을 하도록 내보냈어요. 저는 다시 그곳으로 돌아갈 생각이 전혀 없습니다. 지금 이 모양대로 저는 고향에도 가지 않을 거예요. 제발, 저를 이곳에 좀 있게 해주세요! 한동안 제가 영감님 댁에 머물면서 종교를 배우고 그런 다음에 고향으로 돌아가고 싶어요."

부엌에 있는 하녀 두 사람도 일을 내려놓은 채 귀를 기울이고 있었다. 문지기도 슬며시 기어들어와 문 테두리에 기대어 듣고 있었다. 그 모두가 그리스도교인들이었고, 그런 소리는 매일들을 수 있는 것이 아니었다.

김남선 영감이 계월에게 대답했다. "당신이 지금 말씀하고 계신 건 마치 꿈 이야기 같구려. 내 친구 강사국 영감을 그 이후론 더 이상 보지 못했기에 그의 집에서 무슨 일이 벌어졌는지 알 리가 없지. 그렇지만 당시에 나눈 이야기들을 나는 아주 똑똑하게 기억하고 있다오. 그러니까 당신 집에는 그런 일이 있었군요! 자, 이제 당신은 아무 어려움이 없도록 해주겠소. 우리 집에 머무시오." 그는 아주 호의를 가지고 말했다.

"나리, 정말 한량없이 고맙습니다! 새로운 교리를 완전히 배우도록 하겠습니다. 진심으로 감사를 드립니다. 전 여기서 그걸 할 수 있을 것입니다."

"틀림없이 할 수 있지요. 안사람이 시간을 낼 것입니다." 김남선은 말을 계속했다. "그럴 짬을 낼 것입니다. 안 그렇소, 여보. 당신이 이분을 가르치시오. 앞으로는 우리와 함께 기도도 할 수 있지요." 안부인은 자기 손을 계월의 팔에 올렸다. "정말 우리 그렇게 합시다. 우리 집은 당신을 기꺼이 맞아들입니다."

김남선은 일어나서 방을 나갔다. 여인네들도 몸을 일으켰고, 안주인은 가까운 곳을 염두에 두고 말했다. "우선 옷부터 갈아입으셔요. 내 장롱 안에 나머지 물건들을 넣어 두었어요. 거기서 당신께 필요한 것들을 찾을 수 있을 거예요."

"참 친절도 하시군요!" 계월은 감동했다. 그러자 갑자기 승복을 입고 있는 것이 못 마땅하게 느껴졌다.

안주인이 먼저 옆방으로 갔다. 계월은 부엌에 서서 그녀가 손에 들고 있는 모자를 바라보았다.

"모자를 어떻게 하지?" 부인은 중얼거리듯 나직이 자신에게 물었다.

"이리 주세요!" 한 하녀가 힘 있게 말했다. "우리가 불에 던져 버리지요."

"그리고 겉에 걸친 것과 바랑도 말이에요." 다른 하녀가 말을 덧붙였다.

계월은 미소를 지었다. 두 사람 말은 다 옳았다. 계월은 모자를 첫 번째 아가씨에게 주고, 머리 위로 겉옷을 벗어서 두 번째 아가씨에게 주었다. 거기에다가 걸랑과 끈, 그리고 바가지도 내놓았다.

"여기 이거 모두 가지세요!" 그녀가 말했다.

즉시 아가씨는 딱딱한 승려 모자를 그녀의 튼튼한 두 손 사이에 넣고서 웃으며 그걸 눌러 찌그러뜨렸다. 그러자 질긴 밀짚은 부스러졌고, 그걸 불길 속에 던져버렸다. 겉옷, 접시, 동냥바루는 장작 위에 날려 보냈다.

"두루마기는 계속 더 입을 수 있겠으니 그걸 태워버릴 필요는 없어요." 계월은 말하고서 옆으로 내려뜨렸다. 두루마기와 나머지 옷들은 물론 좀 조잡한 면은 있지만, 보통 사람들의 복장처럼 재단되어 있었다. 그렇게 승방에서 만들었기 때문이다.

그때 방에서 부인의 목소리가 들려왔다. "이곳으로 좀 오시오!"

계월은 문턱을 넘어 들어갔다.

"저기에 당신을 위한 뭔가를 내놓았소. 당신에게 꼭 맞을 거예요." 안주인은 말했다.

계월은 겸손하게 말했다. "짧은 치마만 있으면 됩니다! 아가씨들이 입고 있는 저런 것 정도면요. 계월은 두루마기 대신에 그걸 갈아입었다. 바지와 웃옷 같은 다른 것은 절에서 받은 것 그대로 입고 있으면 돼요. 꼭 그렇게 하고 싶어요." 계월은 말을 되풀이했다.

부인은 약간 머뭇거리더니 의상들을 쳐다보았다. 튼튼하고 질기게 짜인 것은 오래 오래 입을 수 있을 같았다.

"최소한 치마는 입어야지요! 그건 새 거가 아니지요. 내가 주는 선물로 받으세요. 당신에게 드리겠어요." 계월은 그 자리에서 두루마기를 벗고 치마를 입고서 허리를 둘러매었다. 거기에다가 안주인은 계월에게 두건도 주었고, 아가씨들이 하던 대로 매었다. 옷을 갖추어 입는 일은 끝났다. 계월은 다시 부엌으로 갔다. 하녀들이 놀라는 기색이 완연했다. 큰 소리를 내서 표현은 하지 않았지만 한 여자가 다른 여자의 귀에다 대고 뭔가 소곤소곤했다. "내가 마님의 장롱에서 다른 데로 옮겨 놓아 둘 걸……."

다른 여자가 그에 대꾸했다. "그녀는 너보다도 검소하다. 좋아. 네가 몸종인 게 얼마나 다행이니! 너는 밤새 비단의상들 속을 헤매고 다녔을 거야."

첫째 여자가 어깨를 으쓱해 보였다. 그리고 두 여자는 남몰래 웃었다.

아가씨들은 저녁을 먹으러 옆 건물의 가족 있는 곳으로 갔다. 계월은 안주인과 아이들과 함께 식사를 했고, 계월을 보고 있는 사람은 누구나 새로 온 하녀로 생각하는 것 같았다. 계월은 만족스럽게 생각했고 행복했다.

하루 일과가 끝난 후 사람들은 함께 저녁 기도회를 가졌다. 그런 후에는 집의 남쪽 면을 따라 이어지는 마루턱에 앉았다. 이제 계월은 다시 집에서 있었던 일들과 지난 몇 달 동안 겪었던 일들을 이야기해주어야만 했다.

어두운 하늘 높이 멀리서 반짝이는 별들 사이로 달이 고요히 떠 있으면서 자기의 가득 찬 새 하얀 얼굴을 보여주고 있었다. 부드러운 밤바람이 불었다. 엷은 구름이 빠르게 그리고 소리도 없이 거대한 밤하늘의 별들을 스치고 지나갔다. 그것들은 거대한 움직임으로 하늘을 맴도는 새들과 같았다. 그때 계월은 침묵하고 있었고, 모두가 엄청난 광경을 바라보고 있었다.

송악산의 사찰에서 나온 여승은 김남선 영감의 사랑채에서 몇 주 동안 머물렀다. 그 후 이곳 김남선 영감은 목촌리에 있는 친구에게 전갈을 보냈다. 그리고 그는 계월을 가마에 태워 그의 집으로 보내주었다. 시가에서는 그녀를 다시 반갑게 맞아들였다.

몇 시간 후에 한 선교사가 그 지역에 왔다. 그리고 계월과 시어머니는 영세를 받았다. 그와 동시에 계월은 새로운 길을 열었

다. 그리스도교인 과부들이 세속의 옛 관습에는 어긋나지만 재
혼을 할 수 있었기 때문이다. 계월은 새 가정의 어머니로서 천주
교 집안에 들어갔다.

송악산 위의 스님들도 계월에 대한 소식을 들었고, 계월이
당시에 왜 부처님 앞에 공양을 드리지 않으려고 했는지를 또한
알게 되었다.

후기

　캄자카와 한국은 극동에 자리하고 있는 양대 반도이다. 한국은 특히 주목할 만하여 남다른 특징을 지닌 고대 문화국가의 전통을 유지하고 있다. 한국의 언어와 문자는 중국어와 일본어와 다르다. 도덕과 풍습에 있어서도 한국인들은 두 강력한 이웃국가들과 유사한 점도 있지만, 나름대로 뚜렷한 독자성을 지니고 있다.

　종교적인 측면에 연관해서는, 4천 년 훨씬 그 이전에 위만조선을 건국한 영적 인간 단군에 대한 의식이 전 국민의 마음에 생생하게 깃들어 있다. 그와 더불어 위대한 정령 하늘님(하느님)에 대한 의식이 널리 전해져, 그에 대한 숭배는 수많은 귀신들이나, 자연의 힘과 사물들이 의인화 된 존재로 널리 표현되고 있다. 이것은 샤머니즘이라고 하는 무속신앙의 하나인데 한반도의 이주자들은 일찍이 그것을 그들의 원고향인 시베리아에서 가져온 것으로 알려지고 있다.

　기원전에 유교사상이 중국에서 이 나라로 전해졌다. 그 가르침의 과제는 가족생활과 민중공동체를 정립하는 데 중점을 두고

있다. 그에 따라 철저한 조상숭배와 그를 위한 아주 상세하게
규정된 예식이 도입되었다.

4세기에는 또한 대담한 순회 설법자 몇 사람이 중국에서 이
나라에 들어와서 부처의 교리를 전파시켰다. 당시에 이 반도국
은 세 왕국으로 분할, 통치되고 있었다. 궁중국가인 세 나라는
각기 새로운 교리에 귀를 기울였고, 곧 전 민족의 사상체계에
아주 큰 의미를 지닌 종교로 자리 잡게 되었다. 불교는 기대되는
선과 악의 가치를 가지고 저 세상으로 건너가서 이 세상을 가리
킴으로써 유교처럼 원시적인 자연신앙을 광범위하게 돌출시켰
다. 그와 더불어 수많은 예술, 문화재를 유산으로 남기는 축복
도 가져다주었다.

그러나 아주 특이하게 여겨지는 것은 그 어떤 것이 남자나
여자 할 것 없이, 또한 민중 전반에 결코 배제되지 않았다는 점이
다. 오늘날도 쉽게 보고 알 수 있는 것처럼, 수많은 문물들이 자
리 잡고 있지만 그것들이 상황에 따라서 하나의 맥으로 이 나라
에 들어와 융합되고 있다. 그것은 곧 무당이라고 불리는 샤머니
즘 제사장이나 남녀 마법사, 아니면 유교 선비신분의 학자나 부
처에게 헌신한 남녀 보살같이, 각기 그 방향들을 공식적으로 대
표하는 사람들이 샤머니즘, 유교, 불교 등 어느 것이든 그 신앙
에 충성하는 마음을 굳건히 지키고 있기 때문에, 오늘날까지도
그 영역에서 벗어나 개종하는 일은 그리 흔히 나타나지 않는다.

그런 가운데 그리스도는 18세기 이후부터 전 인류를 포용하

고, 고귀한 영혼을 완전히 충족시킬 만한 힘과 빛을 지니고 있다는 사실을 증명했다.

오늘날 북한에서는 공산주의자들에 의해 신구의 모든 종교의 활동이 불가능하게 되었다. 남쪽에서도 현대적 특징이라고 할 수 있는 유물관에 의한 옛 종교들을 심하게 뒤흔들어 놓았고, 그리스도의 복음을 전파하는 사람들로 하여금 커다란 난관에 봉착하게 만들었다. 그럼에도 불구하고 이들의 과업은 우리에게 많은 희망을 안겨주고 있다. 그리스도교만이 유일하게 성장하는 것으로 파악되고 있기 때문이다. 그리스도교인들(가톨릭과 개신교)은 남한의 2천 8백만 인구 중에서 백만 이상에 달하고 있다.

여기에 내놓은 이야기(소설)의 중심인물은 한반도에 살고 있는 사람들이다. 작품은 이들이 사는 시대의 상황에 대해 보고 들은 후세인들의 기억을 올바르게 정립시키는 데 있다. 따라서 그 인물 형상들에 대한 묘사는 천주교도이건 아니건 간에 전해 내려오는 대로 사실적으로 충실하게 묘사하는 데 주력하였음을 밝혀 두고자 한다.

저자 암브로시우스 하프너 씀

금단의 나라

한국은 지난 수세기 동안 외부에 금단의 나라로 머물러 있었
다. 남몰래 국경을 넘나드는 사람에게는 죽음의 위험이 뒤따랐
고, 그런 일에 도움을 준 사람에게도 그랬다. 하지만 그리스도
교는 이 폐쇄된 나라로 들어가는 통로를 발견할 수 있도록 했다.

이 책은 지난 날 조선 천주교인들의 운명을 생생하고 일목요
연하게 묘사하고 있다. 다른 어느 곳에서도 볼 수 없었던 평신도
중심의 자발적 선교의 힘찬 역사도 알려주고 있다. 우리는 수많
은 남자와 여자들, 지식계층이나 소박한 농부들을 만나 보았는
데, 그들은 마음속으로 온 힘을 다하여 "천주님의 교리"를 받아
들이고, 그로부터 얻은 신앙적 신념을 죽기까지 충실하게 지켜
냈다.

이 책의 저자는 30년 동안 한국 땅에서 살았다. 그렇기에 이
나라와 풍습에 대한 그의 묘사는 그 어떤 사람의 것보다 믿을
만하고 정확하다. 또한 신앙적으로는 우리와 형제자매가 되었
다 하더라도 문화 및 기타 여러 가지 면으로 여전히 생소한 그들
의 삶을 매우 심도 있게 파헤쳐 관찰하고 있다.

작은 미사로 드리는
돌아온 탕자 이야기

돌아온 탕자*

글 : 한스 발호프 P. Hans Wallhof
삽화 : 한스 퀴힐러 Hans Küchler

어느 날 도둑과 강도들, 그리고 그와 대등한 취급을 받던 수많은 세리들, 또한 마찬가지로 악명을 지니고 있던 그 외 사람들이 예수께 와서 말씀을 듣고자 했다. 이것을 본 바리사이파 사람들과 율법학자들은 "저 사람은 죄인을 환영하고 그들과 함께 음식까지 나누고 있구나!" 하며 못마땅해 하였다. 그래서 예수께서는 그들에게 비유로 이렇게 말씀하셨다.

"어떤 사람이 두 아들을 두었는데 작은 아들이 아버지에게 제 몫으로 돌아올 재산을 달라고 청하였다. 그래서 아버지는 재산을 갈라 두 아들에게 나누어 주었다. 며칠 뒤에 작은 아들은 자기 재산을 다 거두어 가지고 먼 고장으로 떠나갔다. 거기서 재산을 마구 뿌리며 방탕한 생활을 하였다. 그러다가 돈이 떨어

---

* 스위스 올덴(Olten)에서 발행된 가톨릭 전문잡지 『페르멘트(Ferment)』(1978년) 10월호에서 발췌.

졌는데 마침 그 고장에 심한 흉년까지 들어서 그는 알거지가 되고 말았다. 하는 수 없이 그는 그 고장에 사는 어떤 사람의 집에 가서 더부살이를 하게 되었는데 주인은 그를 농장으로 보내어 돼지를 치게 하였다. 그는 하도 배가 고파서 돼지가 먹는 쥐엄나무 열매로라도 배를 채워 보려고 했으나 그에게 먹을 것을 주는 이는 아무도 없었다. 그제야 제정신이 든 그는 이렇게 중얼거렸다. '아버지 집에는 양식이 많아서 그 많은 일꾼들이 먹고도 남는데 나는 여기서 굶어 죽게 되었구나! 어서 아버지께 돌아가, 아버지, 제가 하늘과 아버지께 죄를 지었습니다. 이제 저는 감히 아버지의 아들이라고 할 자격이 없으니 저를 품꾼으로라도 써주십시오 하고 사정해 보리라.' 마침내 그는 거기를 떠나 자기 아버지 집으로 발길을 돌렸다. 집으로 돌아오는 아들을 멀리서 본 아버지는 측은한 생각이 들어 달려가 아들의 목을 끌어안고 입을 맞추었다. 그러자 아들은 '아버지, 저는 하늘과 아버지께 죄를 지었습니다. 이제 저는 감히 아버지의 아들이라고 할 자격이 없습니다' 하고 말하였다. 그렇지만 아버지는 하인들을 불러 '어서 제일 좋은 옷을 꺼내어 입히고 가락지를 끼우고 신을 신겨 주어라. 그리고 살진 송아지를 끌어내다 잡아라. 먹고 즐기자! 죽었던 내 아들이 다시 살아 왔다. 잃었던 아들을 다시 찾았다' 하고 말했다. 그래서 성대한 잔치가 벌어졌다.

밭에 나가 있던 큰아들이 돌아오다가 집 가까이에서 음악 소리와 춤추며 떠드는 소리를 듣고 하인 하나를 불러 어떻게 된 일이냐고 물었다. 하인이 '아우님이 돌아왔습니다. 그분이 무사히 돌아오셨다고 주인께서 살진 송아지를 잡게 하셨습니다' 하고 대답하였다. 큰 아들은 화가 나서 집에 들어가려 하지 않았다. 그래서 아버지가 나와서 달랬으나 그는 아버지에게 '아버지, 저는 이렇게 여러 해 동안 아버지를 위해서 종이나 다름없이 일을 하며 아버지의 명령을 어긴 일이 한 번도 없었습니다. 그런데도 저에게는 친구들과 즐기라고 염소 새끼 한 마리 주지 않으시더니 창녀들한테 빠져서 아버지의 재산을 다 날려 버린 동생이 돌아오니까 그 아이를 위해서는 살진 송아지까지 잡아 두시다니요!' 하고 투덜거렸다. 이 말을 듣고 아버지는 '애야, 너는 늘 나와 함께 있고 내 것이 모두 네 것이 아니냐? 그런데 네 동생은 죽었다가 다시 살아 왔으니 잃었던 사람을 되찾은 셈이다. 그러니 이 기쁜 날을 어떻게 즐기지 않겠느냐?'고 말하였다."[루가의 복음서 15,1-3, 11-32](공동번역 성서. 대한성서공회 발행 1977)

귀향의 선물

아주 오래 오랫 적
성경의 한 사건이지만
영원히 새로운 이야기다.
언젠가 거친 들판에서 일어났던 일이
날마다 우리의 삶 속에서 벌어진다.
예수님은 당신 자신의 말씀과 더불어
우리 삶 속에 들어오신다.
우리의 경험 속에
우리의 실패 속에
우리 나날의 귀향 속에
돌아온 탕자의 이야기가
우리 각자의 역할 속에
강력하게 작용되게 하신다.
그분은 우리의 살아있는 거울이다.
즐겁고 안락하게
내딛는 첫 발걸음이

때때로 우리의 갈 길을 정해준다.
모험을 향한 전율과 욕망이
우리 마음을 달아오르게 한다.
선악과 그 금지된 과일들이 우리를 유혹한다.
미소 짓는 태양 아래
아무 깊은 생각 없이 가볍게 벌이는 놀이가
우리 마음을 환하게 해준다.
하지만 꿈이 모두 다
우리의 삶에 이루어진 것은 아니다.
놀라운 환멸들이
신속히 절망과
고독 속으로
뒤쫓아 간다.
쓰라린 경험들이
우리를 동물 우리로 데리고 간다.
고통스러운 후회가
결국 우리를 제자리로 데리고 온다.
자유를 향한 춤은
막다른 골목길에서 끝난다.
종종 되풀이되던 놀이가 아니던가.
용서하는 아버지 속에는 그러나
하느님이 보이고 경험될 수 있다.

잔치식탁에는 진정한 귀향이
제 모습으로 나타난다.
함께 음식을 나누는 자리
기쁨의 불꽃 속에는
예수님의 영이 빛을 발한다.
잔뜩 성이 난 형과의
화해와 평화가
하느님과 하나가 되는
오직 그 길을 보여준다.
만남의 식탁은
우리 하루하루의 삶 한 가운데,
우리 한주 한주의 삶 한 가운데에 있다.
이 한복판의 잔치는
경건한 미사가 된다.
성스러운 사건이 된다.
세상의 모든 막다른 골목에서
항상 이루어지게 될
귀환을 위한 파송이자 위탁이 된다.
하지만 형도 역시
우리가 사는 나날의 삶 속에
역할 하나를 훌륭히 해낸 것이다.
고향집에만 남아있노라니

속이 무척이나 좁아졌나 보다.
그는 자기가 피땀 흘려 일군
작은 밭들을 더 이상 내다보지 못했다.
항상 똑같은 일만 해내야 했으니
마음은 거칠어 질 수밖에 없었다.
투덜거리다가 자기 본분을 벗어나
끝내 화를 감추지 못한다.
용서할 마음 준비가 전혀 없다.
아버지는 두 아들을
베풀 잔치식탁 쪽으로
이끈다.
즐거운 귀향의 빛이다.
둘은 집에 돌아와서
아버지 곁에서 지내야 하는
새로운 환경에 적응해야 한다.
대속의 성찬에서
두 사람에게는
하느님의 능력으로서
평화의 축복이
새로이 주어질 것이다.

떠남

동생은 자기 집에
있을 만큼 아주 오래 있었다.
아버지와 어머니가 끌어주는
사랑의 끈이 어느새
그에게는 사슬이 되어버렸다.
형제자매에 대한 애착심이
그에게는 짐이 되었다.
친절 속의 나날들
근심걱정 없는 시간들
이 모든 것을 점점 견디기 힘들었다.
그런데 정말 놀라운 일은
꿈으로 가득한 삶은
오히려 고향언덕 저 편에
확고히 자리 잡고 있었다.
그는 자기 재산의 한 몫을
내놓으라고 했다.

그리고는 이내 사라져버렸다.
더 큰 행복을
세상 저 멀리에서 찾기 위하여
습관과 지루함을 털고
바깥으로 나온 것이다.
그의 모험은 시작되었다.
선물로 받은 새로운 나날들을
한 점 아쉬움도 없이 마음껏 즐겼다.
그는 젊고 아름다웠고, 몸은 튼튼했지만,
마음은 오만으로 가득 차 있었다.
가득 찬 그 속에서 마음껏 퍼내 썼다.
도시의 길목에서
언젠가 꿈꾸던
모든 것을 얻었다.
평소 먹어보지 못한 과일들은
그렇게 달콤할 수가 없었다.
사랑의 황홀감 속에도
마음껏 빠져보았다.
우정이란 것도 힘껏 누려 보았다.
입맛이 달아오르는 대로
곳곳에서 먹고 마셨다.
오늘도 다음날도

신나게 춤추며 지냈다.
그렇지만 어느 날 모든 게 달라졌다.
돈이 바닥난 것이다.
텅 빈 주머니.
무일푼으로 길거리에 나서게 되었다.
친구라고 자처하던 자들이
금방 그를 버리고 떠났다.
불같은 열정도 꺼져갔다.
그는 홀로였다.
그는 눈물을 쏟지 않을 수 없었다.
그는 장승처럼 서 있었다.
밤이 그에게 엄습했다.
농가의 돼지우리 곁
그 낮고 천한 일자리를
마다할 수가 없었다.
하지만 여기에서도 사람들은
그로 하여금 동물의 먹이조차
먹을 수 있게 하지 않았다.
빵 나무 꼬투리조차
먹을 수가 없었다.
고독의
처절한 울부짖음 속에

돼지의 여물통에서
자꾸만 멀어진 고향은
자꾸만 아득해졌다.
신기루의 가물거리는 형상이
그의 황폐한 마음속에
어두워진 영혼 속에 피어났다.
내쫓김을 당했다.
다시 맞아들여졌다.
꿈에서 깨어났다.
뭔가에 홀려 있었다.
돼지우리의
격자창살 뒤에서
자기의 움직임이
무감각해진 걸 느꼈다.
죄책감이 들고
무언가에 심히 억눌리는 기분,
하지만 뭔가 알 수 없는 확신이
또한 그를 압도했다.
그가 외면하려 했던 고향이
그를 붙잡고 놓아주지 않았다.
멀리 달아나 보았지만,
이내 그 자리였다.

자유를 얻기 위하여
문을 모두 쾅 닫고 나와 버렸지만
밤의 부자유함 속에는
문들은 새로
아침이 되기까지 열려 있었다.
그는 갑자기
가던 길이 잘못되었음을 알게 되었다.
그는 되돌아왔다.
고향이란
자석과 같은 그런 힘을 지니고 있었다.
귀향길이 시작된다.
거대한 미사가
시작되었다.

노상구걸

인생의 막다른 골목이었다.
그는 소리 질렀다.
주여, 우리를 불쌍히 여기소서!
가슴 속 그 외침이
그의 마음에서 솟구쳐 나왔다.
죄를 사해 달라고 그는
기도하고
구걸도 해보았다.
해묵은 오래 전의 간청을
되풀이했다.
궁핍의 간절한 외침,
밤의 저주.
아버지를 향한 몸짓
주여, 우리를 불쌍히 여기소서!
그러자 하느님은 그를 맞아들였다.
그는 그걸 느낄 수 있었다.

그는 텅 빈 손만 내보일 뿐
모든 게 다 없어졌다.
모든 게 다 말라버렸다.
모든 걸 쓸어낸 텅 빈 기쁨의 식탁
하느님은 그걸 새로 부어주기 시작하시니
늘어나는 충만의 기적이라.
되돌아오는 자에게 몰아치는
인생의 덧없음이라.
주여, 우리를 불쌍히 여기소서!
후회가 그를 엄습한다.
그로 해서 그는
흔들거리는 발걸음으로
집을 향한 첫 발길을 과감히 내딛으니
딱딱하기 이를 데 없는 땅 한 조각이
그의 감각에 와 닿을 때마다
자비의 간절한 외침이
되풀이된다.
주여, 우리를 불쌍히 여기소서!
그는 믿으며 간절히 구한다.
눈물이 가슴과 영혼을 씻어준다.
큰 용서가 이루어진다.

용서하는 아버지

하느님은 아버지시다.
그분은 용서를 게을리하지 않으신다.
그분은 보복하지 않으신다.
그분은 언제까지나
기다리고 기다리신다.
집으로 향하는 아들은
발걸음을 천천히 내딛는다.
아버지가 그를
내쫓으실까?
그가 있었던 돼지우리로
되돌려 보내지는 않으실까?
그럴만한 이유도 있다.
그는 그분의 마음을 상하게 했었다.
속이기도 했다.
치욕도 안겨드렸다.
더럽히기도 했다.

그의 아버지가
그를 맞아주시려 마음먹은 걸
그는 아직도 모른다.
용서가 그에게
폭풍처럼 밀어닥쳤다.
아들이 갖고 있는 건
믿음에서 나오는
희망뿐
사랑의 담대함이라.
아버지는 그를
아무 말 없이
품에 안는다.
입을 맞춘다.
더할 바 없는 이해의 표시다.
당연한 일이
이제 더욱 명백해졌다.
아버지는 항상
그의 자녀 곁에 같이 하신다.
혹시 집으로 오는 길이 어찌 될까
아버지는 한 번도
자식을 자기 마음속에서
멀리 떼어놓은 적이 없다.

어디를 달려가고 있더라도
어느 골목길을
어둠 속 어디를
헤매고 있을지라도
자식을 향한 아버지의 사랑은
늘 깨어있었기에
그것은 새로운 집으로 통하는
활짝 열린 문이다.
용서는
사랑의 최고 형태이다.
그것은 신성한 힘을 요구한다.
비록 넘기 어려운
골짜기만이
가로막고 있다 할지라도
용서는 함께 있도록 이끌어준다.
용서는 어두운 길을 밝혀주고
밤에서 풀려나와
새로운 아침을 맞이하게 한다.
용서는 빛과 태양을
의미하며
색채의 모든 기적을
품어주고

기쁨이
수평선 위로 춤추게 한다.
용서 속에서는 언제나
누군가가 다시 사랑받고
집안으로 맞아들여진다.
용서는
잔치로 향한 하나의 출발이다.

공동의 기도

기쁨의 눈물이
말씀의 흐름을 가로 막는다.
미소는 말없이
얼굴 속으로 스며 들어가
눈물의 베일을 거둔다.
찬란한 삶의 빛이
눈의 깊은 샘 속으로
되돌아간다.
서서히 침묵이 사라진다.
포옹의 기쁨 속으로
말씀이 내려진다.
세찬 바람이
구름과 어둠을 휩쓸고 간다.
푸른 하늘이
그 위로 들어와 구른다.
빛이 들어와 축제에 동참한다.

혀가 풀려서
기도소리를 낸다.
아버지는
아들과 함께 기도한다.
영광의 종소리가
산과 언덕 위로 내려 와
평화와 복락을
알려준다.
저 먼 하늘궁창의
네 방향 모두
간구와 기도로 불러들인다.
찬미와 경건을
불러들인다.
기도는 모든 길이 만나는
평화를 발견하게 되는
높은 비탈이다.
기도는 모든 그림자들이
널리 뒤로 떨어져
달려나가도록
하느님의 가득한 태양빛으로
들어가는
똑같은 생각의 방향이다.

기도는 기쁨으로
힘차게 솟구쳐 오르는
물을 먹어
높이 솟아나는 감사의
분수이다.
기도는 폭풍 같은 열광이자
격렬한 청원이다.
기도 속에
쉴만한 거처가 발견되고,
거기서 불안을 잠재울 수 있고
모든 고통 받는 문제들에게
해답을 준다.
기도로
포개진 손은
기쁨으로 가득 찬 확신과
잔잔한 평화의
견고한 옹벽들을 세워준다.
기도는 하느님의 모든 기적과 위업에 대하여
힘차게 솟구치는 아멘이다.
아들은 길을 잃었지만
다시 집을 찾았다.
아들은 죽었으나

다시 살아났다.

아들 속에서 우리 모두는 다시 만난다.

함께 드리는 기도 속에

감사의 힘찬 잔치가 벌어진다.

기도와 함께

아버지는 또한 성찬으로 초대한다.

하느님의 말씀

성찬이 이루어지기 전에
하느님 말씀이 양식으로 주어진다.
사람은
빵으로만 살 수 없지 않는가.
구원과 용서의
말씀들이
넉넉한 하느님의 품에서
우리에게 터져 나온다.
그 말씀들을 먹고
부초 같은 우리의 존재도 강해진다.
짧은 순례의 발걸음도
힘차게 한다.
한 주 한 주 지나감에 따라
삶의 양식이 되고
세월의 리듬을
활발하게 한다.

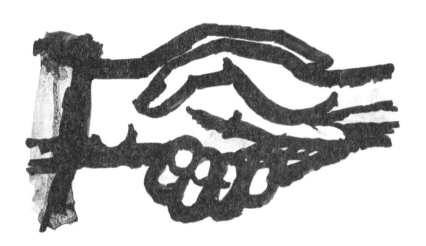

하느님의 말씀과 더불어

빛이 우리 시간 속에 떨어져

몰락하는 모든 것들을 일으켜 세운다.

이 말씀들 속에선

영혼이 기쁨의 소리를 지르고

어둠과 그늘에서

해방된다.

용서는

신성한 특성이다.

하느님이 우리를 용서하시므로

우리는 용서할 수 있다.

사랑하는 자만이 용서한다.

성서를 읽는 가운데

줄곧 나오는 말씀:

"하느님 같은 신이 어디 있겠습니까?

남에게 넘겨줄 수 없어 남기신 이 적은 무리,

아무리 못할 짓을 했어도 용서해 주시고,

아무리 거스르는 짓을 했어도 눈감아 주시는 하느님,

하느님의 기쁨이야

한결같은 사랑을 베푸시는 일 아니십니까?

그러니 어찌 노여움을 끝내 품고 계시겠습니까?"

미가 선지자의 말씀이다.

"하느님은 너희를 사랑하시고
당신에게 속하도록
너희를 택정하셨다.
이제 새로운 사람으로 살아가려면
공감하는 마음에, 다정하게,
겸손하게, 상냥하고 참을성 있게 행동해야지.
서로 사이좋게 지내면
자연히 용서가 이루어진다.
그가 비록 잘못을 저질렀다 해도,
주님께서 너희를 용서해 주사듯
서로 용서를 하게 된다.
모든 걸 사랑 속에 행하면
너희를 연결시켜 주고
너희가 바라는 하나를 완성시켜준다."
성 바오로의 말씀이다.
"그때 베드로가 예수께 와서
주님, 제 형제가 저에게 잘못을 저지르면
몇 번이나 용서해 주어야 합니까?
일곱 번이면 되겠습니까?" 하고 묻자
예수께서는 이렇게 대답하셨다.
"일곱 번뿐 아니라
일곱 번씩 일흔 번이라도 용서하여라."

마태오의 복음서에 나오는 말씀이다.

"그러니 너희의 아버지께서 자비로우신 것 같이
너희도 자비로운 사람이 되어라."

"남을 비판하지 말라.
그러면 너희도 비판받지 않을 것이다.
남을 용서하여라.
그러면 너희도 용서받을 것이다."

루가의 복음서에 나오는 말씀이다.

"잘 들어 두어라.
이 여자는 이토록 극진한 사랑을 보였으니
그만큼 많은 죄를 용서받았다.
적게 용서받은 사람은
적게 사랑한다."

루가의 복음서에 나오는 말씀이다.

"사랑은 하느님으로부터 온다.
사랑하는 자는
하느님의 자녀가 되고
그가 하느님을 알고 있다는 걸
보여준다.
우리가 서로 사랑하면,
하느님이 우리 안에 사신다."

성 요한의 말씀이다.

고백

용서와 사랑은
마음의 고백을
촉구합니다.
제 믿음을 찬양하나이다!
당신은 새로운 사도신경을
제 마음속에 넣어주십니다.
제 믿음을 찬양하나이다!
당신은 저에게
새로운 의상을
선사하십니다.
제 영혼은 성대한 모습으로
나타나게 될 것입니다.
당신은 저를
빛의 옷으로 감싸주십니다.
당신은 저를
모든 그늘과 몰락에서 풀어주십니다.

당신은 풍요로운 빛으로
저를 한없이 덮어주십니다.
제 믿음을 찬양 하나이다!
당신은 제 손가락에
반지를 끼워주십니다.
그것은 우정의 증표입니다.
사랑의 인장입니다.
충성의 상징입니다.
제 믿음을 찬양 하나이다!
당신은 저에게 새 신발을 가져다주십니다.
당신은 제가 가는 길을 동행하십니다.
제가 어디를 달려 나갈지라도
당신의 손짓이 저를 인도합니다.
길이 엉키고 엉키어
갈길 막막해져도
당신은 변함없는 목표입니다.
당신은 저에게
영원의 즐거운 아침을
약속하십니다.
기쁜 마음으로
저의 길을 갑니다.
믿음은 장벽을 넘어

걸어갑니다.
가로막은 걸 무너뜨립니다.
사슬을 풀어줍니다.
갇힌 자를 옥에서 풀어줍니다.
제 믿음을 찬양 하나이다!
언제나 믿음은
사랑의 표현입니다.
희망의 놀이입니다.
그리고 별길 따라
달려나가서
이 땅의 작은 4각 공간 위에서
하느님의 여러 모습을 보고자 합니다.
제 믿음을 찬양 하나이다!
믿음이란 하느님과 함께 사는 것입니다.
믿음이란 예수님과의 우정입니다.
믿음이란 성령님과
함께 하는 것입니다.
제 믿음을 찬양 하나이다!
믿음은 끝없는
미래입니다.
믿음은 죽음 없는
기쁨입니다.

믿음은 영원한 집으로의
귀환입니다.
제 믿음을 찬양하나이다!

빵과 포도주

성찬은 준비되었다.
빵과 포도주가
나왔다.
우리는 빵과 포도주가 필요하다!
빵은 노동의 열매이다.
우리 몸의 영양소이다.
그것은 해와 땅의 힘으로 자라나
바람이 실어 날라 줌에
힘을 얻어
산과 언덕으로부터
옮겨진다.
빵은 변화하는 시간들의
선물이다.
봄의 푸르른 양탄자이다.
여름의 노오란 윤무
가을의 무거운 황금

겨울로 향하는 살아있는 흰빛이다.
삶의 식탁 위에는
빵이 있다.
양식과 힘이다.
우리는 빵과 포도주가 필요하다!
포도주는 기쁨의
상징이다.
영혼과 정신도
식량을 필요로 한다.
떠오른 태양은
우리를 소생시킨다.
포도주는 약으로,
병을 고쳐주고 활기를 안겨주며
잠자던 기쁨도
흔들어 깨운다.
포도주는 여름의
태양을 마시고
밤의
이슬도 모은다.
우리는 빵과 포도주가 필요하다!
두 가지는 성찬의
식탁 위에 오른다.

하느님은 우리 일상과 수고의
이 봉헌을 즐겨 받으신다.
우리는 우리를 움직이는
그것들과 한 몸이 된다.
노동의 들판.
태양과 함께하는 꿈들.
먼 산.
좁은 골짜기.
기쁨과 의문.
슬픔과 웃음.
근심과 동경.
놀라움과
만남.
여러 주
여러 달을 지나는
세월의 흐름.
그것을 우리는 모두
이 봉헌 안에 넣는다.
우리는 **빵과 포도주가 필요하다!**
하느님은 우리가 드린 모든 것들을
당신의 신성한 삶 속으로 변화시키신다.
작은 알곡이 죽어서

빵이 되고,
한해 동안 힘껏 모은
자애 넘치는 봉헌물이다.
수없이 많은 포도송이들이
포도주로 걸러지는데
수많은 시간의 순환이 낳은
고귀한 선물이다.
우리는 빵과 포도주가 필요하다!
하느님도 그러하시다.
그렇게 우리에게 당신의 삶을 내주신다.

물

성찬에는 물도 포함된다.
만물을 정화시킨다.
만물을 신선하게 해준다.
모든 갈증을 풀어준다.
모든 죄를 씻어준다.
빌라도는 죄 씻김을 받으려고
온갖 노력을 기우렸다.
우리에게도 그런 일이 생긴다.
하지만 하느님이 우리를 도우신다.
성찬 잔에 떨어지는
물방울은
또한 우리 죄악을 상징한다.
고향집으로 돌아오는 아들의 아버지는
크고 작은 몸짓으로
언제까지나 용서하신다.
하느님도 그러하시다.

보이지 않는 물방울이
그를 위해서 있다.

경탄과 찬양

성찬이 준비되었다.
눈처럼 새하얀 식탁보가
덮였다.
죄 사함이 이루어진다.
아침 햇살이
찬란하게 떠오른다.
티 하나 없이 맑은 흰빛
하느님의 손으로 고른
가장 아름다운 꽃들이
식탁에 활기를 불어넣는다.
꽃들은 눈을 즐겁게 하고
기적같이 놀라운 빛깔로
가슴 구석까지 어루만져 준다.
매혹적인 향기가
해무리에서 떨어진다.
신비로운 온갖 내음들
그것들과 겨룬다.
모든 지체들이

성찬에 초대되었다.
아무도 빈손으로 나가서는 안 되리니
행복으로 통하는 이 다섯 문 속으로
전 인생의
풍요로움이 밀려든다.
촛불들이 활활 불꽃을 피운다.
조용한 광채가
눈동자에 비친다.
우리는 드린 물건에 대해 기도한다.
기도와 더불어 자라나는 경탄의 마음
찬양과 깨달음이 터져 나와
높이 솟아오른다.
아버지는
잃었다가 되찾은 아들에게
맛있는 음식을 내놓는다.
하느님은 헌물을 받으시고
그것을 식사 때 돌려주신다.
구원이 이루어진다.
아버지는 모든 것을 변화시킨다.
죄 사함을 받는다.
눈물이 씻겨진다.
기쁨으로 바뀐다.

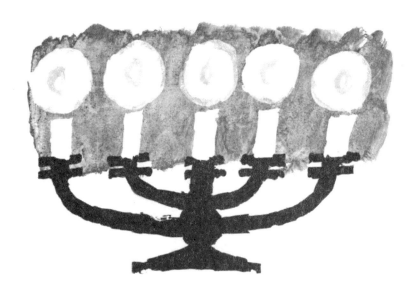

낯선 땅을 헤매던 자
집으로 돌아간다.
부자유한 몸이 구원을 얻는다.
하느님은 모든 걸 변화시키신다.
하느님은 모든 걸 이루신다.
그분은 빵과 포도주이다.
그분은 생명이자 피다.
그분은 양식이자 기쁨이다.
하느님은 모든 걸 높이신다.
변화가 일어난다.
영원한 구원이 일어난다.
거대한 전환이 시작된다.
유한과 무한이 함께
축제를 벌인다.
죄와 용서가 함께
한 식탁에 자리한다.
그런 변화 뒤에는
죽은 사람들도
우리 기억 속에 나타난다.
우리 앞의 종족과 세대라는
긴 사슬이
망각되어서는 안 될 것이다.

그리고 거기에는 우리도
이미 속해 있는 것이다.
그것은 높아지며
자꾸 모습을 바꾸어 간다.
우리는 모든 외로움에서 해방되며,
하느님 안에서 풍요로운 공동체 속으로 뻗어나갈 것이다.
경탄과 찬양은
우리로부터 모든 말들을 빼앗아간다.
경배와 침묵이
여전히
오직 타당한 대답이 될 것이다.
믿음의 비밀이 될 것이다.

식탁기도

누구나 손님으로
성찬에
초대되지만
하나가 되기 위한
공동의 식탁기도를 드려야 한다.
이렇게 공동체가 생겨나면
어느 누구도 홀로가 아니다.
모두가 이제 함께 속해 있는 것이다.
친구의 울타리 속에
받아들여진 것이다.
모든 걸 풍부하게 베푸신
아버지께 감사를 드린다.
하늘과 땅 위에서
엄청난 메아리를 지닌
주님의 이름을 부른다.
하느님 안의 공동체,

사랑과 기쁨의
거대한 왕국을
간절히 원한다.
가벼운 움직임 속에서도
이러한 창조가
이루어지게 하고
세상이
완성된 무한의 시간 속에서도
영원히 나타나게 하는
그분의 의지를 깨닫는다.
일용할 양식을
영과 육의 양식을 간구한다.
죄 사하심을 애소한다.
그들은 서로 용서한다.
좀 더 가까이에서
선을 행하고
악에서 벗어나려고 힘써 노력한다.
그들은 함께
주기도문을 외운다.

평화

형은 용서를 행하지 않는다.
그저 문 앞에 서 있을 따름이다.
아버지가 나간다.
그는 가서
지체 없이
큰아들도
집안으로 데리고 올 것이다.
그에게 용서가 나타나
온 몸과 마음을 감싸지 않으면
그도 역시 잃어버린 것이다.
성이 난 형은
아버지를 모질게 원망한다.
모욕을 가하고
고함을 지르고
손과 발을 휘두르며 날뛴다.
그의 말은 뾰족한 화살이다.

언제 나를 위해 잔치를 베푸신 적이 있나요?
언제 친구들과 잔치를 즐기도록
해주신 적이 있나요?
거렁뱅이 동생은
모든 걸 다 누리지 않았나요?
이 인간 말종 꼬락서니
이 죄인
이 사회 찌꺼기
이 경박한 떠벌이
그에겐 모든 것이
열배, 아니 백배로 주어졌잖아요!
어째서 아버지께선 이 잔치를 위해서
죄 없는 동물을 죽여
제물로 바치시나요?
아버지는 그를 바라본다.
그의 두 눈에는 이미 모든 말이 담겨 있었다.
마음이 내키지 않더라도,
네가 용서하지 않으면
너에게 평화가 나타나지 않으리라.
너에게 기쁨이 없으면
네 마음 그다지 편할 수 없으리니,
화평을 이룩하기 위해선

실제 희생제물이 필요하니
죄 없는 어린양을
제물로 드려야 한다.
평화는
작고 좁은 생각에 묻힌
그 자신만의 그늘을
뛰어넘게 한다.
평화는
항상 자기 자신으로부터
무언가를 내어 주도록 한다.
평화는
그의 가슴을 활짝 드러내 놓게 하고
사랑의
모험 때문에
상처를 받게도 한다.
평화는
약점과 결점을 지닌
다른 사람을 받아들이게 하고
그에게 좀 더 성찰할 수 있는
기회를 마련해 준다.
평화는
잊을 건 잊고 넘길 건 넘기게 해준다.

화해하고 하나가 되게 해준다.
평화는
우정이자 배려요
놀라운 일에 대한
기적일 따름이다.
평화는
더 큰 삶으로 통하는
문을 열게 하며,
올바름의 토대 위에서
기쁨과 평안을 누리게 한다.
기적이 일어나리라.
그러면 아버지는 두 번째로
아들을 얻는다.
형은 용서한다.
행복은 이루어지리라.
용서하지 않으려면
네 봉헌물을 바깥에 두고,
들어오지도 말라!
그러나 문 앞에서
이 발걸음이 너에게 이루어지면,
하느님 자신도 너를
뿌리치지 않고

너에게 축복의 말씀을 전하시리라.
너와 함께 평화가 있으라!

성찬

이제 큰 잔치가
베풀어진다.
아버지는
두 아들과 함께
식탁에 자리 잡았다.
둘이 다 길을 잃었다가
둘이 다 집으로 돌아 왔다.
동방의 성화에는
종종 성찬 시에
함께 식사를 하는
세 남자의 모습이 보이는데,
성삼위일체,
하느님안의 공동체를 뜻하지 않던가.
성찬이란
가장 숭고한 통일의 표현이다.
마음과 마음이 활짝 열리고

감정과 꿈,

그리움과 사랑,

위로와 평온,

정신과 의지,

기쁨과 복락이

여기에서

진정 축제를 벌일

자리를 찾는다.

우리 모두의 마음은 찬양을 시작한다.

정신은 사소한 모든 일들에서 풀려나리.

이 순간에 하느님의

온갖 풍요로움이 우리에게 떨어지리.

그리하면 우리는 성찬을 통해

하느님의 순환 속으로

받아들여지리.

그곳은 사랑과 기쁨이

가장 깊게 깃든 집이다.

하느님이 함께 하시는 곳이다.

가진 것 모두 우리에게 다 내주시는

그분의 힘으로 우리는 살아가리라.

하느님의 사랑은 무한하다.

우리의 한계를 부순다.

하느님의 기쁨은 끝이 없다.
우리의 유한한 삶을
무한 속으로 확장시킨다.
시간은
수많은 복락을 누리는 때
영원 속으로,
결코 끝나지 않을 춤의
그 해방되는 기쁨 속으로
달려가리라.
이제 그들 모두에게 성체를 배수한다.
이제 그들 모두 하나가 된다.
아버지
형
고향집으로 돌아온 아들
성체배수는 하나 됨이다.
항상 그 안에는 또한
소통의 위력이 깃들어 있다.
진정 다른 사람들을 이해하고
활짝 마음 문을 여는 것이다.
유쾌함과 사랑이다.
원래 모든 성찬은
거대한 춤 잔치로 이어져야 하지 않겠는가.

노래와 놀이로,
위로를 받고
또한 구원받은 기쁨의
환호와 탄성으로,
하느님은 우리와 하나가 되어
우리의 삶을 가득 채워주신다.
우리와 함께 춤을 추신다.

축복과 사명

이야기는
아직 끝나지 않았다.
앞으로도 줄곧
이어져야 한다.
새로이 생각해 볼 시간이 필요하다.
하지만 뜨거운 마음은
사라져서는 안 된다.
평화의 문은 언제라도
활짝 열려 있어야 한다.
그럴수록 우리 사명은 뚜렷해진다.
오늘의 성찬은
한 번의 사건이어서는 안 된다.
그것은 많은 사람들에게
효모와 효소가 되어야 한다.
다가올 나날들은
이런 체험으로 살게 해야 한다.

하늘의 태양은 우리가 가는 길
바로 그 위에 다시 떠오른다.
그 빛이 흐려져서는 안 되리라.
용서는
줄곧 삶과 함께 있어야하고,
또한 주어지며,
우리와 함께 움직여야 하리.
주어진 평화는
우리 곁에 남아 있어야 하리.
기쁨의 춤은
어둠 속에서까지 우리와 함께 있으리라.

아버지의 축복으로
우리의 사명은 분명해지니
평화 속으로 들어가자!
하느님이 우리와 함께 하신다.
우리가 어디를 가든,
혹시 죄와 잘못을 짓더라고
용서의 태양은
우리를 데리고 가리라.
끊임없이 그렇게 되리라.
우리 모두는 잃어버린 아들들이다.
원래는 행복한 우리의 운명이었다.

조두환 (趙斗桓) 아호 솔뫼.

건국대학교 독문과 명예교수. 시인.
고려대학교 독문과 및 대학원 졸업(문학박사).
스위스 연방정부초청으로 바젤 및 프리부르대 수학(Lic. Phil.).
독일 바이로이트, 뮌스터대, 캐나다 토론토대 연구교수.
저서로는 『독일시의 이해』, 『라이너 마리아 릴케』, 『독일문화기행』, 『오르페우스에게 바치는 소네트』 등 다수의 논, 저술 및 번역서, 그리고 『중랑천 근방』 외 3권의 시집이 있다.

겨레문화 24

어느 독일인 선교사의 한국 천주교 수난기 이야기

2013년 12월 27일 초판 1쇄 펴냄

지은이 암브로시우스 하프너
옮긴이 조두환
펴낸이 이은경
펴낸곳 이회

책임편집 권송이
표지디자인 윤인희

등록 2001년 9월 21일 제307-2006-55호
주소 서울특별시 성북구 보문동7가 11번지 2층
전화 922-4884(편집), 922-2246(영업)
팩스 922-6990
메일 kanapub3@naver.com
http://www.bogosabooks.co.kr

ISBN 978-89-8107-524-8 03230
ⓒ 조두환, 2013

정가 13,000원